손님이 줄을 서는 대박가게 만드는 비결

가게
이렇게 하면 성공한다

일본상점경영
베스트 1위

도미타 히데히로 지음 | 이우희 옮김 | 심상훈 감수

"OKANE WO KAKEZUNI HANJOTEN NI KAERU-HON" by Hidehiro Tomita
Copyright ⓒ Hidehiro Tomita, 2008
All rights reserved.
Original Japanese edition published by Nippon Jitsugyo Publishing Co., Ltd.

This Korean edition published by arrangement with Nippon Jitsugyo Publishing Co., Ltd. Tokyo in care of Tuttle-Mori Agency Inc., Tokyo through Yu Ri Jang Literary Agency Inc., Seoul.

이 책의 한국어판 저작권은 유·리·장 에이전시를 통한 저작권자와의 독점계약으로 토트(북새통)에 있습니다.
저작권법에 의해 한국 내에서 보호를 받는 저작물이므로 무단 전재와 복제를 금합니다.

머리말

잘되는 가게는 분명 따로 있다

지난 5년 간 1,000명 이상의 가게 경영인들과 만나면서 진흙탕과도 같은 상황을 숱하게 보아왔습니다. 매출이 오르지 않아 힘들다, 수익이 나지 않는다, 도대체가 손님이 늘지를 않는다, 자금이 돌지 않는다, 일을 맡길 사람이 없다…….

개중에는 궁지에 몰려 괴로워하는 사장님들도 적지 않았습니다. 하지만, 이런 갖가지 어려움을 안고 있는 가게들을 저는 되도록 비용 부담 없이, 때로는 돈 한 푼 들이지 않고 잘되는 가게로 탈바꿈시켰습니다.

- 돈이 부족해 손님 모으는 데 비용을 들이기 어려운 사장님
- 창업하고 5년 이상 지났음에도 매출이 점점 떨어지는 가게
- 유동인구가 많이 줄어든 가게에서 가게를 운영하고 있는 사장님
- 상품과 서비스에는 자신이 있는데 손님이 모이지 않는 가게
- 근처에 대형매장이 생겨서 매출이 현저하게 떨어진 가게
- 장래에 독립해서 가게를 경영하려는 예비 창업자

이 같은 조건에 해당하는 사장님들은 이제 안심하기 바랍니다. 이 책을 펼쳐든 이상 당신의 가게는 분명히 잘될 것이니까요. 실제로, 저의

고객들 모두가 매출이 올랐습니다. 그 신장률은 평균해서 전년 대비 187퍼센트를 기록하고 있습니다. 3년 연속 적자인 가게를 돈을 들이지 않고 흑자로 바꾸거나, 하룻밤 사이에 매출이 50퍼센트 오르게 한 적도 있었습니다.

이 책은 그간의 컨설팅 경험을 바탕으로, 적자 가게거나 생각과는 달리 수익이 오르지 않는 가게를 대박가게로 바꾸는 비결을 아낌없이 공개한 것입니다.

구체적으로는 다음과 같은 노하우를 배울 수 있습니다.

- 비용을 거의 들이지 않고 적자 가게를 흑자가게로 바꾸는 방법
- 수익을 내는 가게로 바꾸기 위한 바른 절차
- 가게 앞에 손님이 줄을 서게 만드는 비결
- 적자 가게를 흑자로 만드는 재무관리법
- 우수한 직원의 채용과 활용법
- 돈을 들이지 않고 매출을 단번에 1.5배 올리는 방법
- 돈을 먹기만 하는 전단지, 광고 홍보를 그만두고 효과적인 판촉활동을 하는 방법

이 외에도 책에서는 장사를 위한 다양한 수단을 모조리 밝혔습니다. 목적은 오로지 하나입니다. 바로 '돈을 들이지 않고 잘되는 가게로 바꾸는' 것입니다. 가게를, 늦어도 1년 이내에 번창하는 가게로 변신시키는 위력이 이 책 안에 있습니다.

이를 위해 두 가지 부탁이 있습니다.

첫째, 먼저 자신과 당신 가게의 가능성을 믿을 것. 가게가 거듭나는 스토리는 여기에서부터 시작됩니다. 둘째, 가게를 진심으로 잘나가는 가게로 바꾸겠다는 믿음으로, 지금까지의 자신의 상식을 버리고 이 책에 쓰인 노하우를 실천할 것. 이 두 가지를 명심하고 저를 따라오시기 바랍니다.

마음의 준비가 되었습니까? 그러면 '돈을 들이지 않고 번영하는 가게로 바꾸는' 실천 비결을 알려드리겠습니다.

당신의 성공을 기원하며,

도미타 히데히로

이 책의 구성

1

제 1 장
적자 가게 경영자의 10가지 착각!

당신의 가게 경영 상식을
바로잡는다.

2

제 2 장
잘되는 가게로 거듭나는 12가지 단계

흑자의 바른 수순을 배우고
경영자의 의식을 바꾼다.

3

제 3 장
적자 가게를 돈 안 들이고 흑자로 바꾸는 비결

가게 분석을 한 다음 경영방침과
가게 브랜드를 구축한다.

4

제 4 장
숫자에 약한 경영자가 꼭 알아야 할 경리·재무의 핵심

경리, 재무의 중요성을 이해하고
사업계획을 세울 수 있도록 한다.

5 제 5 장
드림 팀을 구축하는 종업원 채용·활용법

사장이 자리에 없더라도 문제없이
돌아가는 조직을 만든다.

6 제 6 장
가게에 손님이 줄을 서게 되는 8가지 마법 – 재방문률 향상편

&

7 제 7 장
가게에 손님이 줄을 서게 되는 8가지 마법 – 신규고객 확보편

고객을 확보하는 올바른 방법을
배우고 실천한다.

'잘되는 가게'로 거듭난다.

목차

머리말　　　003
이 책의 구성　　　006

1 적자 가게 경영자의 10가지 착각

- 이제껏 당신의 상식이 문제였다!　　　016
  - **착각 ❶** 작은 가게는 상권을 줄여서 지역밀착형으로 운영해야 한다　　　017
  - **착각 ❷** 뒷골목에 있고 역세권에서 먼 곳의 가게는 안 된다　　　019
  - **착각 ❸** 사람들이 원하는 상품, 서비스가 아니면 팔리지 않는다　　　022
  - **착각 ❹** 수익 확보를 위해 구매비나 인건비를 삭감한다　　　024
  - **착각 ❺** 원가 비율과 인건비에는 업계의 평균치가 있다　　　026
  - **착각 ❻** 아르바이트생은 역시 책임감이 없다　　　030
  - **착각 ❼** 전단지를 제대로 만들어 돌리면 손님을 모을 수 있다　　　031
  - **착각 ❽** 매뉴얼대로 하는 손님맞이에 기뻐할 손님은 없다　　　033
  - **착각 ❾** 가게를 오픈할 때는 떠들썩하게 선전한다　　　035
  - **착각 ❿** 자금이 없으면 대박가게로 바꿀 수 없다　　　036

2 잘되는 가게로 거듭나는 12가지 단계

- 흑자로 만드는 바른 순서를 알고 있습니까? 042
- 상품이나 서비스보다 내 의식부터 바꾸자 044
- 잘되는 가게로 바꾸기 위해 돈보다도 중요한 것 047
- 자금이 달리면 시간을 투자하는 수밖에 없다 048
- 중요한 것은 당신의 시간 사용법 051
- 왜 대박가게에는 마케팅이 필요한가 052
- 당신이 꼭 알아야 할 대박가게의 공식 054
- 시간과 돈 모두를 절약할 수 있는 정보의 위력 055
- 정보의 '레버리지 효과'를 극대화하는 비결 056
- 대기업의 경영기법은 작은 가게에 도움이 되지 않는다 059
- 가게의 개선 수단은 십점십색 061
- 적자의 악순환에서 벗어나는 방법 063
- 사장의 고민은 결국 손님 모으기와 조직 064

3 적자 가게를 돈 안 들이고 흑자로 바꾸는 방법

- 고객의 니즈는 정말로 중요할까? 070
- 마켓 인은 강자의 전략 072
- 작은 가게는 자신감으로 밀어붙여라! 074
- 손님보다도 먼저 자신의 가게에 대해 알자 076
- 가게의 경영상태를 단번에 파악할 수 있는 6가지 질문 077
- 점이나 기도보다 신념이 중요하다 081
- 경영신념은 곧 가게의 헌법 082
- 1시간 만에 끝내는 경영신념 만들기 084
- 손님의 행렬과 상품, 서비스는 관계없다? 087
- 손님이 줄을 서게 만드는 입소문의 위력 088
- 브랜드는 신뢰의 상징 089
- 가게 경영의 핵심은 사람, 상품, 스토리 092
- 가게에 손님이 줄을 서게 만드는 브랜드 구축법 094
- 브랜드를 만들려면 먼저 각오가 필요하다 096
- 가게를 실패로 이끄는 '삶은 개구리의 법칙' 098
  - **케이스 스터디 ❶** 잘되는 가게의 힌트는 마법의 6가지 질문 안에 있다 099
  - **케이스 스터디 ❷** 경영신념으로 모두의 마음가짐을 하나로 만든다 100
  - **케이스 스터디 ❸** 3년 연속 적자인 가게를 '비용 제로'로 흑자 가게를 만든 비결 102

4 숫자에 약한 경영자가 꼭 알아야 할 경리·재무의 핵심

- 경리란 경영의 성적표 108
- 새는 수도꼭지는 즉시 잠궈라 111
- 장부에 기재하지 않는 돈이 가게를 무너뜨린다 113
- 경리는 과거, 재무는 미래 115
- 재무의 기본을 수행하는 10가지 포인트 117
- 사업계획은 왜 계획만으로 끝나고 마는 걸까? 119
- 목표와 현상의 괴리를 '손님 수'에서 찾는다 120
- '매출 = 손님 수 × 고객 1인당 구매액'이라는 거짓말 123
- 1인당 구매액 향상을 목표로 하면 반드시 망한다 126
- 가격을 올리고 싶다면 1.3의 법칙을 사용하라 129
- 사업계획을 완성하는 3가지 포인트 131

5 드림 팀을 구축하는 종업원 채용·활용법

- 가게 안에 드림 팀을 만드는 비결　　　　　　　　　　　　　142
- 돈을 들이지 않고 우수한 직원을 뽑는 비결　　　　　　　　　143
- 채용 실수를 막는 구인공고 작성법　　　　　　　　　　　　　145
- 면접에서 중요한 2가지 포인트　　　　　　　　　　　　　　　148
- 진흙 속의 진주를 찾아내는 면접 평가서　　　　　　　　　　　149
- '열심히 해'라는 말만으로 열심히 일하는 직원은 없다　　　　155
  - **이유 ❶** 무엇을 위해 일하는지 모르면 열심히 하지 않는다　　157
  - **이유 ❷** 무엇을 하면 좋을지 모르면 열심히 하지 않는다　　　159
  - **이유 ❸** 정당한 평가를 받지 못하면 열심히 하지 않는다　　　161
  - **이유 ❹** 어디까지 하면 좋을지 모르면 열심히 하지 않는다　　162
  - **이유 ❺** 억지로 떠맡은 일은 열심히 하지 않는다　　　　　　165
  - **이유 ❻** 때로 꾸짖지 않으면 계속해서 열심히 하지 않는다　　167
- 직원조회가 있으면 사장이 없어도 가게는 돌아간다　　　　　169
- 경쟁 가게에 직원을 데리고 가라　　　　　　　　　　　　　　171
- 직원의 퇴사에는 어떻게 대처할까　　　　　　　　　　　　　　172
- 30일 만에 좋은 직원, 나쁜 직원을 구분하는 비결　　　　　　174

6 가게에 손님이 줄을 서는 8가지 마법
: 재방문률 향상편

- 가게를 번성하게 만드는 손님 모으기의 비결   184
- 이것이 손님 모으기의 바른 수순   185
- 모든 손님에게 똑같은 서비스를 제공하지 마라   187
- 고객 매뉴얼은 직원 모두가 작성한다   189
- 손님을 포로로 만드는 앙케트 활용법   192
- 손님이 손님을 부르는 감동 앙케트   194
- 앙케트는 만족도를 높이는 도구   197
- 충격! 가게에 손님이 오지 않게 된 이유   198
- 가게 명함은 이렇게 만들어라   200
- 회원제 포인트 카드의 힘   203
- 가게를 다시 찾게 하는 감사엽서 작성법   204
- 저비용으로도 효과 만점인 문자 메시지 홍보   208
- 블로그나 미니홈피로 가게를 알려라   211
- 손님을 유혹하는 연간 이벤트 계획법   212

7 가게에 손님이 줄을 서는 8가지 마법
: 신규고객 확보편

- 전단지 작성에 꼭 넣어야 될 3가지 포인트   220
  - **전단지 작성법 ❶** 예술과 디자인은 다르다   221
  - **전단지 작성법 ❷** 전단지는 헤드카피가 생명   222
  - **전단지 작성법 ❸** 작성한 전단지는 직원들이 함께 수정한다   226
- 당신의 가게는 정말 '알려져' 있습니까?   228
- 손님의 관심을 끄는 4가지 단계   230
- 누구라도 할 수 있는 길거리 홍보   233
- 법인 영업의 기본은 설득하지 않는 데에 있다   235
- 하루 만에 매출을 1.5배 올리는 비결   237

맺음말   243
감수자의 글   245

적자 가계 경영자의 10가지 착각

1

이제껏 당신의 상식이 문제였다!

　본격적인 이야기에 들어가기에 앞서, 작은 가게 경영자가 오해하기 쉬운 '경영자의 10가지 착각'에 대해 먼저 살펴보겠습니다. 아래에 있는 '10가지 큰 착각'에 당신도 해당되지 않습니까? 오히려, 그것을 상식이라고 믿고 있는 사장님들이 적지 않을 것입니다. 흔히 '업계의 상식은 세상의 비상식'이라는 말을 합니다. 가게를 운영하면서 이제껏 믿어 왔던, 의심할 여지없는 상식을 먼저 의심해 보기 바랍니다.

　잘되는 가게로 바꾸기 위한 힌트는 '업계의 비상식' 안에 숨어 있습니다. 지금까지 얽매여 있던 경영의 상식, 업계의 상식에서 먼저 벗어나십시오. 그런 다음에 가게 경영의 실천 노하우를 받아들여야 합니다.

가게 경영의 10가지 큰 착각

착각 ❶ 작은 가게는 상권을 줄여서 지역밀착형으로 운영해야 한다.
착각 ❷ 뒷골목에 있고 역세권에서 먼 가게는 안 된다.
착각 ❸ 사람들이 원하는 상품이나 서비스가 아니면 팔리지 않는다.
착각 ❹ 수익 확보를 위해 구매비나 인건비를 삭감한다.
착각 ❺ 원가율과 인건비에는 업계의 평균치가 있다.
착각 ❻ 아르바이트생은 책임감이 없다.
착각 ❼ 전단지를 제대로 만들어 돌리면 손님을 모을 수 있다.

착각 ❽ 매뉴얼대로 하는 손님맞이에 기뻐할 손님은 없다.

착각 ❾ 가게를 오픈 할 때는 떠들썩하게 선전한다.

착각 ❿ 자금이 없으면 대박가게로 바꿀 수 없다.

업계의 '상식'도 작은 가게에서는 '비상식'

착각 ❶

작은 가게는 상권을 줄여서 지역밀착형으로 운영해야 한다

대형 프랜차이즈의 지방 체인점 개점 러시에 따라, 원래 있던 지방의 소규모 가게들에게는 '지역밀착형 경영'이 중요해졌다는 이야기가 자주 들립니다. 분명히 지역밀착형 경영은 중요합니다. 대형 프랜차이즈가 풍부한 자금을 바탕으로 대량의 전단지 배포와 경품, TV광고로 소비자를 끌어들이는 데 비해 지역 주민들과 끈끈한 유대를 통해 소비자들에게 파고드는 지역밀착형 경영. 그러나 이 말에 현혹되어 가게의 상권을 생각하면 도저히 답이 나오지 않습니다. 왜일까요?

원래 '상권'이란 가게를 중심으로 반경 얼마 정도의 거리까지는 손님들이 가게를 찾을 가능성이 있다는 것을 가리킵니다. 대형 쇼핑센터가

개장할 때에는 다른 계열의 대형 프랜차이즈와 상권이 중복되는 지역이 생깁니다. 혹은 자사의 프랜차이즈와 겹칠 수도 있습니다. 그래서 매장의 상권분석을 하게 되고, 비용대비효과라는 측면에서 지역을 한정해 마케팅을 하게 되는 것입니다. 이것이 대형매장에서 의도하는 지역밀착형 경영입니다. 하지만, 이것은 어디까지나 대기업의 수단입니다.

작은 가게 경영에서 똑같은 의도로 상권을 축소해 판촉활동을 하게 되면, 오히려 손님을 모으는 효과가 떨어져 버립니다.

저는 지금 간사이에 살고 있습니다. 어릴 때부터 살아온 이래 20년이 지났는데, 어느 날 친구가 정말 맛있는 튀김요리점이 제가 사는 집에서 5분 거리에 있다고 알려주었습니다. 저는 근처에 살면서도 튀김요리점이 있다는 사실조차 몰랐는데, 그 친구는 우리집에서 전철로 1시간 이상 걸리는 곳에 살면서도 한 달에 두세 번은 이 가게에 들른다는 것이었습니다.

이 사례에서 알 수 있듯, 작은 가게와 상권은 전혀 관계가 없습니다. 제 고객들 중에도, 먼 번화가에서 입소문을 듣고 손님들이 찾아오는 네일아트 숍이나 미니홈피로 일본 전역에 화제가 된 해산물덮밥 식당 사장님이 있습니다.

소규모 가게에서는 상권을 축소해 판촉활동을 할 게 아니라, 손님이 왜 내 가게를 찾게 되었는지 그 이유를 파악한 다음 가게의 장점을 살려 손님을 모으는 방법을 찾아야 합니다. 예를 들어, 친구나 가족의 소개가 많은 가게라면 소개 손님에게 주는 혜택을 강조한 전단지를, 쇼핑을 끝내고 돌아가는 길에 들르는 손님이 많다면 쇼핑가에서의 전단지 배포, 퇴근 후 귀갓길에 오는 여성 회사원이 많다면 회사를 대상으로 한 법인 영업에 힘을 쏟는 게 좋습니다.

상권을 축소하기보다는 가게의 독자적인 판촉 수단을 제대로 파악하는 데에 주력하기 바랍니다. 일단은 가게에 오는 손님을 더 잘 오게 만드는 것이 급선무입니다. 판촉수단에 대해서는 다음 장에서 설명하겠습니다.

착각 ❷

뒷골목에 있고
역세권에서 먼 가게는 안 된다

상권에 이어서, 입지조건이라는 키워드에도 소규모 상인들이 빠지기 쉬운 함정이 있습니다. 입지조건에 관해서는, 유동인구가 많은 중심가의 1층이 이른바 최적의 입지조건으로 알려져 있습니다.

그러나 최적의 입지에 개점하는 것 또한 대기업 특유의 마케팅 수단입니다. 최적의 입지는 지역 손님들에게 편리하고 다른 지역에서 오는 손님도 기대할 수 있을 것입니다. 하지만 그런 만큼 개점에 많은 자금이 필요합니다. 물량 광고, 미디어 광고가 가능한 대기업이라면 몰라도 소규모 가게는 타산을 맞출 수 없습니다.

작은 가게가 최적의 입지에 문을 연 경우, 무엇보다 고정비(매월 고정적으로 발생하는 경비) 때문에 쓰러질 수 있습니다. 무엇보다도 임대료가 너무 비쌉니다. 웬만큼 매출을 올려도 모두 임대료로 사라질 판입니다. 상가 건물주를 먹여 살리기 위해 가게를 운영하는 것밖에 되지 않습니다.

다음으로는, 작은 가게 경영자들이 가장 머리를 싸매는 '손님 모으기'입니다. 아무리 최적의 입지에 가게를 냈더라도 손님이 저절로 모이지는 않습니다.

최적의 입지조건은 주로 번화가에 많아서 다양한 지역에서 다양한 목적으로 사람들이 모입니다. 이 손님들을 가게로 끌어들이기 위해서는 일단 가게의 존재를 알려야 합니다. 가게 주변에 주택이 많은 곳이라면 집집마다 정기적으로 홍보물을 붙일 수 있지만, 번화가 가게에서는 오로지 전단지를 배포하는 방법밖에 없습니다.

주택단지라면 전단지를 10,000장도 돌릴 수 있지만 번화가에서는 1,000장이 고작입니다. 배포 양의 차이는 그대로 손님의 차이로 나타납니다. 또한 번화가에서는 주위에 경쟁가게가 많다는 것도 마이너스 요인이 됩니다.

물론 예외도 있습니다. 먹자골목처럼 비슷한 성격의 가게들이 모여 있어서 찾는 손님들이 많기 때문에 개별 가게의 손님이 느는 경우입니다. 상품과 서비스에 충분한 경쟁력이 있는 가게는 이 같은 최적의 입지에 개점하는 것도 하나의 방법이 됩니다. 역세권에 미용실이 몰려 있는 것도 그 때문입니다.

하지만 대부분의 자영업은 역시 경쟁업소가 적은 지역에 개점하는 편이 낫습니다. 임대료가 높은 최적 입지에 얽매일 필요는 전혀 없습니다. 최적의 입지가 아니더라도 돈을 버는 가게는 얼마든지 있으니까요. **낮은 임대료, 높은 수익!** 이것은 대박가게의 철칙입니다.

최적 입지의 함정

- **최적의 입지**
  - 임대료가 너무 높아 고정비 부담이 크다.
  - 주택이 적어 전단지 배포 효율이 나쁘다.
  - 경쟁가게가 많다.

- **역에서 떨어져 있는 주택가 등의 입지**
  - 고정비의 부담이 작다.
  - 전단지 배포 효율이 좋다.
  - 경쟁가게가 적다.

저희 동네 이야기를 하나만 더 하겠습니다. 집 근처에 10평 정도의 작은 이자카야(일본식 선술집)가 있습니다. 역에서 도보로 15분 정도 걸리고 버스도 다니지 않습니다. 그럼에도 불구하고 이 가게는 매일 밤 대성황을 이룹니다.

경영 컨설턴트 입장에서 살펴보니 이유는 간단했습니다. 그 집 주위에 다른 이자카야가 없습니다. 한편으로 주택가라서 사람들이 많습니다. 이 동네에서는 간단하게 한잔 하고 싶어도 10분 이상 떨어진 역 주변까지 나가야 합니다. 가벼운 마음으로 나가기에는 10분 거리도 귀찮은 법입니다. 그래서 1분도 채 안 걸리는 이 가게로 모이는 것입니다. 가게 안에는 동네 아저씨, 아줌마들의 대화가 끊이질 않습니다. 이렇게 되면 손님이 손님을 부르게 됩니다. 혼자서 조용히 마시기에는 마땅하지 않겠지만, 동네 사람들에게 이 술집은 소중한 쉼터가 된 것입니다.

　이처럼 가게 경영에서 입지조건은 아무런 관계도 없습니다. 중요한 것은 낮은 임대료와 손님을 모으는 방법 그리고 손님이 왜 가게를 찾는 것인지, 그 포인트를 명확하게 인식하는 데 있습니다.

착각 ❸
사람들이 원하는 상품이나 서비스가 아니면 팔리지 않는다

　작은 가게는 손님이 찾는 것만 지나치게 따지기 때문에 적자의 늪에 빠지는 경향이 있습니다. 세상에는 유행하는 상품과 서비스가 끊임없이 나타났다가 사라지곤 합니다. 유행에 편승해 상품과 서비스를 제공한다고 해서 뭐라고 말할 수는 없습니다. 시대에 뒤지지 않기 위해 사람들의 의견이나 욕구를 경영에 접목하는 것도 중요하니까요.

　그런데 문제는 손님에게 무한정 끌려가는 경우입니다. 손님이 원한다고 해서, 가게의 경영자가 손님에게 제공하고 싶은 상품과 서비스를 억지로 바꿀 필요는 없습니다. 그 대신 당신이 고려해야 할 게 있습니다. '내가 이것을 파는 이유'를 손님에게 명확하게 전달하기 위해 무엇을 할 것인가, 바로 이 점입니다. 단순히 '내가 좋아서'라는 이유만으로는 매출이 오르지 않습니다.

요컨대, 시대에 맞춰 바꿔야 하는 것은 상품이나 서비스가 아니라 그 전달 방법입니다. 상품과 서비스에 담긴 당신의 생각과 가게의 의도를 어떻게 하면 손님에게 전할 수 있을까요? 이것이야말로 당신이 찾아야 할 첫 번째 대답입니다. 상품과 서비스를 통해 당신의 마음을 손님에게 전한다는 것, 이 자체가 매출 신장의 계기가 되고 가게의 브랜드 구축으로도 이어집니다.

쉬운 예를 하나 들어보겠습니다. 주택가 한쪽에 조그마한 장난감 전문점이 있었습니다. 컴퓨터 게임과 플라스틱 장난감이 판을 치는 가운데, '나무의 따뜻한 온정을 아이들에게 전하고 싶다'라는 마음가짐으로 나무 장난감 전문점을 차린 것입니다.

사장님은 우선 나무 장난감의 장점을 알려야겠다는 생각으로 다양한 시도를 했지만, 좀처럼 가게 경영은 나아지지 않았습니다. 그러자 불안이 일었습니다. 역시 플라스틱 장난감이나 인기 많은 장난감을 취급해야 하는 걸까 하고 고민하기도 했습니다. 하지만 여전히 아이들에게 제대로 된 장난감을 갖고 놀게 하고 싶다는 마음은 사라지지 않습니다.

고민의 고민을 거듭한 끝에 그 사장님은 정기적으로 가게 신문을 발행하게 되었습니다. 신문에는 자녀의 양육 상담, 나무 장난감이 아이의 정서에 미치는 영향 등등 나무 장난감의 소개와 자녀 교육에 대한 생각 등을 실었습니다. 신문은 유치원 앞이나 주택가에서 토끼 모양으로 예쁘게 접어서 나누어 주었습니다. 이러한 모습을 지역 주민들은 내내 지켜보았습니다.

물론 경영이 곧바로 좋아지지는 않았지만, 결과적으로 이 같은 행동은 새로운 시장 개척으로 이어졌습니다. 나무 장난감을 좋아했던 사람들은 아이나 부모뿐만이 아니었습니다. 이 가게에는 차츰 친구의 출산 선물이나 지인의 자녀에게 주는 크리스마스 선물 주문이 늘어났습니다. 장난감에 그다지 흥미가 없었던 저 또한 '선물은 이걸로 해야지' 하고 생각했을 정도였습니다.

  나무 장난감 가게가 변할 수 있었던 가장 근본적인 이유는 무엇이었을까요? 그건 바로 가게 사장님의 마음이 손님들에게 전해졌기 때문입니다. **변하지 않는 마음가짐과 이것을 전하기 위한 노력, 이 두 가지가 경영의 본질입니다. 세상의 유행에 휘둘리지 말고 당신 스스로 유행을 만들기 바랍니다.** 최소한 이 정도의 각오로 가게 경영에 임해야 할 필요도 있습니다.

착각 ❹
수익 확보를 위해 구매비나 인건비를 삭감한다

  수익을 확보하기 위해서는 매출을 올리든가 비용을 줄이든가, 이 두 가지 방법밖에 없습니다. 그런데 적자 가게가 빠지기 쉬운 유혹은, 매출을 올리기보다는 비용을 줄이는 데에 혈안이 되기 쉽다는 점입니다.

  매출 신장보다 경비를 삭감하는 편이 훨씬 손쉽고 결과도 빨리 나오는 것은 사실입니다. 그러나, 경비 삭감에 집착하게 되면 결국 직원들의 급여나 상품, 서비스의 원가를 줄이는 방향으로 나가게 됩니다. 과도한 경비 삭감은 직원과 당신의 가게를 지탱해 주는 거래업체의 동기부여를 현저하게 떨어뜨릴 위험이 있습니다. 한마디로 일할 의욕을 꺾어버리는 것이지요.

경비를 삭감하는 것은 최후의 수단입니다. 당장은 힘들더라도 경영자인 당신 자신 그리고 직원, 거래업자 모두가 힘을 모아 매출을 올리는 방향, 즉 손님을 늘리고 1인당 구매액(손님이 한 번의 방문에서 구입하는 총액)을 올릴 수 있는 방법부터 고민해야 합니다.

슬픈 사례를 하나 들겠습니다. 적자가 계속 이어지는 어느 미용실이 견디다 못해 가게의 경비 삭감에 눈을 돌렸습니다. 그래서 먼저 임대료를 사정해서 조정하고 다음에는 쓸데없는 지출을 줄이라고 직원들에게 지시했습니다. 사장의 이러한 노력으로 미용실 사정은 다소 나아졌습니다.

그런데 미용실 사장은 손님을 모으는 데 힘을 쏟을 생각은 하지 않고 비용 삭감에만 목을 매게 되었습니다. 당장에 남는 수익이 늘어나니 유혹을 뿌리치기 쉽지 않았던 것이지요. 사장은 더 줄일 수 있는 비용이 없는가를 찾더니, 급기야는 직원 인건비와 퍼머액, 염색제의 절감에도 손을 대기 시작했습니다. 급여가 준 결과 직원들의 동기부여가 떨어지고 원가를 절감한 결과 손님들의 만족도도 떨어지게 되었습니다. 결국 과도한 경비 삭감의 결과, 손님들은 떠나고 직원들도 하나하나 미용실을 그만두어 결국 미용실 문을 닫아야 할 지경에까지 이르렀습니다.

이 같은 일은 의외로 많은 가게에서 일어납니다. 아무리 작은 가게라도 경영자가 잊지 말아야 할 것은 자신의 가게와 나를 위해 일하는 직원, 거래업자, 손님, 이 모든 사람들의 이익을 고려하는 것입니다. 이 말에 동의한다면, 과도한 경비 절감보다는 모두가 힘을 합쳐 가게의 매출을 올려야 합니다. 일시적으로 어려운 시기가 있더라도, 가게에 관계된 모든 사람들의 앞날을 걱정하고 희망을 버리지 않는 한 웃을 날은 반드시 찾아옵니다.

착각 ❺

원가율과 인건비에는 업계의 평균치가 있다

이 착각도 의외로 널리 퍼져 있는데, 경비 삭감과 같은 종류의 문제입니다. 소가게 경영에 대한 지침서를 보면 흔히, '○○업계의 원가 비율, 인건비 평균은 ○○%이고 이것을 넘을 경우에는 곧바로 경비를 재검토하라'고 씌어 있습니다. 저도 처음에는 그 같은 업계 평균치를 지키는 방향으로 컨설팅을 해왔습니다.

그런데 가게 컨설팅을 숱하게 경험한 지금에는 **'업계의 평균치는 가게에 따라 반드시 최적의 수치가 아니다'**라는 믿음을 갖게 되었습니다. 다양한 가게의 경영 상태를 일정 기간 쭉 관찰한 결과, 매출이 향상될 때의 원가 비율과 인건비는 평균치보다도 낮고 매출이 떨어질 때의 원가 비율과 인건비는 평균치보다 높다는 법칙을 발견하게 되었습니다.

어떤 의미에서는 당연한 말인지도 모릅니다. 매출 규모가 확대되면 원가율, 인건비율은 자연히 떨어집니다. 마찬가지로 수익률도 올라갑니다. 이것을 '규모의 효과'라고 부릅니다. 많은 손님들이 가게를 찾음으로써 재고 부담이 줄게 되고, 보다 많은 재료를 들여옴으로써 납품단가는 내려갑니다. 직원 1인당 매출이 올라가기 때문에 결과적으로 매출에 비해 경비 비율이 떨어지는 것입니다. 따라서 매출이 향상되고 있을 때에는 흥청망청하지 않고서는 원가율, 인건비율이 올라갈 일은 없습니다. 거꾸로 말하면, 직원과 고객의 만족도를 떨어뜨리지 않기 위해서라도 이 같은 비율이 너무 떨어지지 않도록 신경 써야 합니다.

문제는 매출이 적을 때 발생합니다. 매출이 적을 때에는 원가율, 인건비율이 업계의 평균치보다 올라가 수익성을 해칩니다. 이럴 경우 업계 평균치로 수치를 낮추기 위해 원가, 인건비에 손을 대게 되는 것입니다. 그렇게 되면 앞에서도 설명했듯이 인건비와 원가 삭감이 직원의 동기부여와 서비스 품질을 떨어뜨려 매출은 더욱더 떨어져 버립니다. 경비와 함께 매출도 떨어지는 구조이기 때문에 원가율과 인건비율은 조금도 낮아지지 않습니다. 이래서야 경비 삭감에 어떤 의미가 있을까요?

매출이 적어 수익이 나지 않을 때에는 인건비나 원가를 업계 평균치까지 줄일 게 아니라 매출 신장을 목표로 삼아야 합니다. 매출 목표를 구하는 방법은 이렇습니다. 먼저, 가게의 매출이 좋았던 시절의 원가율, 인건비율을 구합니다. 그리고 현재의 원가, 인건비를 그 비율대로 나눠 평균을 구하면 목표로 해야 할 매출을 산출할 수 있습니다. 각각의 경비 비율을 생각할 때에도 어디까지나 경비 절감이 아니라 매출 목표를 염두에 두어야 합니다.

경비 절감보다도 매출 신장을 생각한다

현재

매출	200만엔
원가	50만엔
인건비	66만엔
원가율	25%
인건비율	33%

업계평균

원가율	20%
인건비율	25%

위와 같은 경우,
경비를 삭감하려고 하는 것은 잘못!!

과거 최고 매출	240만엔	
과거 원재료비	60만엔	
과거 인건비	25%	← Ⓐ
과거 인건비율	30%	← Ⓑ
현재 원가	50만엔	
현재 인건비	66만엔	

원가 대 매출 목표 : 원가(50만엔) ÷ A = 200만엔

인건비 대 매출 목표 : 인건비(66만엔) ÷ B = 220만엔

매출 목표 = (원가 대 매출 목표 + 인건비 대 매출 목표) ÷ 2 = 210만엔

10만 엔 이상 매출을 올릴 수 있는 방법을 고민해야 한다.

그렇다고 원가율과 인건비에 아예 신경을 꺼버리는 것도 큰 문제입니다. 이 같은 경비 관리는 평소에 세세하게 체크해야 합니다. 4장에서 다시 설명하겠지만, 경영수치의 문제점 발견이 늦어질 수 있기 때문입니다. 적절한 경비 비율을 매달의 매출 추이에 따라 산출하고 그것을 기준으로 현재의 경비 비율이 어떤지를 체크해야 합니다. 그렇게 함으로써 경리, 재무상의 문제점을 재빨리 파악하고 대응할 수 있습니다. 업계의 평균치라 불리는 '허깨비'에 현혹되지 말아야 하겠지만 매일의 경영 수치 관리에 소홀함이 없어야 합니다.

착각 ❻

아르바이트생은 책임감이 없다

　아르바이트 직원에 대해 '책임감이 없다', '말을 제대로 듣지 않는다' 등으로 평가하는 사장님들을 이따금 볼 수 있습니다. 반면에 아르바이트 직원의 책임감, 의욕을 이끌어내기 위해 고민하는 경영자는 좀처럼 찾아보기 어렵습니다. 대개 아르바이트 직원 본인에게 문제가 있는 게 아니라, 애당초 아르바이트를 경시하는 경영자의 의식에 문제가 있는 경우가 대부분입니다.

　뒤에서 다시 자세히 설명하겠습니다만, **가게에서 소비자의 생각과 관점에 가장 가까이 있는 사람이 아르바이트 직원입니다.** 더욱이 아르바이트 직원은 손님과 직접적으로 상대하는 업무를 주로 맡고 있다는 점에서도 아르바이트 직원의 의견을 소중히 해야 합니다. 제 경험으로 미루어 분명히 말하건대, 아르바이트 직원을 대수롭지 않게 여기는 가게는 경영이 제대로 될 리 없습니다.

　아르바이트 직원이 일하면서 느끼는 위화감과 문제점을 해결하기 위해서는, 아르바이트 직원의 의견에 귀를 기울이고 무엇보다 그 역할을 인정해 주어야 합니다. 그런 의식이 가게 내의 제안을 활발하게 하는 토양과 업무 분위기를 상승시키는 요인으로 이어집니다. 또한 아르바이트 직원에게 책임감을 갖게 하기 위해서는 제안을 받아들여 가게 운영을 개선할 뿐 아니라 제대로 교육해서 책임 있는 직책을 맡기는 것도 중요합니다. 아르바이트라고 해서 요직을 맡기지 않는다면 '열심히 해'라고 해도 힘이 날 리가 없습니다. 성장하고 싶은 욕구, 여기에 불을 붙여야 합니다.

먼저 믿으십시오. 믿어야만 그 믿음에 부응해 성장하려는 의욕과 책임감도 생기는 법입니다. 그렇다고 해서 아무것도 가르치지 않고 무턱대고 맡긴다든가, 설명도 없이 오로지 명령만 일삼는 일은 삼가야 합니다. 의욕이 사라지고 책임감도 내팽개쳐 버릴 테니까요. 남을 탓할 게 아니라, 아르바이트 직원이라 하더라도 책임과 성취욕을 갖고 일하는 조직 분위기를 만드는 것이 경영자의 역할입니다.

착각 ❼

전단지를 제대로 만들어 돌리면 손님을 모을 수 있다

전단지에 많은 공을 들였지만 기대한 만큼 효과를 보지 못하는 경우가 많습니다. 가게를 운영하면서 이 같은 경험을 한 분들이 많을 것입니다. 전단지를 돌려도 손님이 모이지 않는 원인은 크게 두 가지입니다. 애써 만든 전단지를 그냥 버리기 전에 다시 한번 이 두 가지를 체크하기 바랍니다.

첫째, 전단지를 제대로 만들었어도 그것을 배포하는 직원들의 자세가 진취적이지 못해 마지못해 돌리는 경우가 있습니다. 이래서는 손님이 전단지를 뿌리치지는 않더라도 제대로 읽을 리 없습니다. 입장을 바꾸어 생각해 보세요. 아무리 정성 들여 만든 전단지라도 그것을 직접 건

네는 직원에게서 무성의하다는 느낌을 받았다면 과연 읽고 싶은 마음이 생길까요? 결국 종이와 시간 낭비입니다.

그렇기 때문에 판촉활동에 앞서 직원 교육이 우선입니다. 전단지에 어떤 의미가 담겨 있는지를 직원들에게 제대로 알려야 합니다. 이를 위해 경영자 자신이 앞장서서 모범을 보이는 건 어떨까요? 사장이 솔선해 움직이지 않으면 직원들도 시켜서 한다는 생각을 가질 수밖에 없습니다. 물론 경영자로서 해야 할 일들이 적지 않겠지만, 돈과 시간과 정성을 들여 만든 전단지입니다. 직원들에게 마지막까지 몸소 모범을 보이는 자세가 필요합니다.

둘째, 원래 판촉물의 효과가 바로 나타나는 일은 드뭅니다. 비록 효과가 바로 나타난다고 해도 그때뿐이고 차츰 줄어듭니다. 그럴 때면 사장님들은 조바심에 이렇게 생각합니다.

'전단지가 식상해서 그런가? 새로운 전단지를 만들어야 하지 않을까?'

광고에이전시, 인쇄업자가 들으면 기뻐하며 새로운 전단지 시안을 들고 올 테지요. 물론 광고에이전시나 인쇄업자는 이것이 밥벌이일 테니 당연합니다.

그러나 실적을 올린다는 측면에서는, 같은 전단지를 한 번 더 돌리는 편이 훨씬 낫습니다. 그만큼 손님의 의식에 남을 가능성이 높아지는 것입니다. 텔레비전 광고도 마찬가지입니다. 참신하고 화제가 되는 광고는 단기적으로는 강한 인상을 남길지 모릅니다. 하지만 정말 오래도록 기억에 남는 광고는 몇 년간 전혀 바뀌지 않는 광고인 경우가 많습니다.

전단지는 손님이 싫증을 내기보다는 판촉 담당자가 염증을 내 교체하는 경우가 많을지도 모르겠습니다. **작은 가게에서는 여러 차례 새로운 내용을 담은 판촉 전단지를 돌리기보다도, 손님의 기억에 남을 동일한**

전단지를 지속적으로 돌려야 한다는 사실을 잊지 마시기 바랍니다. 이것이 가게의 브랜드력을 높이고 손님을 지속적으로 끌어들이는 홍보 기술입니다. 물론 아이디어를 짜내고 정성을 들인 전단지여야 한다는 조건은 있습니다. 일단 전단지를 제대로 만들었다면 전단지를 교체하는 것은 마지막 수단입니다. 전단지에 대해서는 7장에서 자세하게 소개합니다만, 우선은 배포 방법에 대해 고민하기 바랍니다.

착각 ❽
매뉴얼대로 하는 손님맞이에 기뻐할 손님은 없다

고객 매뉴얼대로 손님을 응대하는 게 꺼림칙한 것은 어째서일까요? 여기에도 전단지 배포와 같은 문제가 있습니다. 매뉴얼을 그대로 따라 하는 운영은 직원들의 생각이나 개성이 배제되는 경우가 많습니다. 직원들은 시키는 대로 한다는 느낌을 갖게 되는 것이지요. 그래서 인간 대 기계 같은 인상을 손님에게 주게 됩니다. 형식을 중시한 매뉴얼 운영이 손님의 만족도에 꼭 맞는다고 할 수는 없겠지만 손님 응대의 질이 직원들마다 제각각인 것보다는 낫습니다.

제대로 된 매뉴얼 운영이란 직원들의 생각이나 개성을 반영하면서도 모든 고객에게 균등한 서비스를 느끼게 하는 데 있습니다. 물론 이것이 손쉽게 실현되지는 않습니다. 대형 프랜차이즈의 운영 매뉴얼은, 모든 매장에서 동일한 서비스 품질을 손님에게 제공하는 것을 목적으로 하고 있습니다. 개성은 중요시되지 않는 게 현실입니다.

　이 같은 단점을 보완해, 작은 가게의 매뉴얼은 직원 모두의 의견을 모아 만드는 게 좋습니다. 이렇게 만든 매뉴얼은 스스로 만들었기 때문에 누가 시켜서 한다는 느낌이 없습니다. 주인의식을 갖고 손님과 마주할 수 있는데다가 인간 대 인간의 마음이 통하는 매뉴얼 운영이 가능해집니다.

　그리고 또 하나 매뉴얼 작성에서 중요한 게 있습니다. 매뉴얼은 날이 갈수록 진화해야 합니다. 이를 위해서는 직원 모두가 매뉴얼상의 무규칙한 것들을 하나하나 줄여 나갈 필요가 있습니다. 매뉴얼을 아무리 세심하게 만들었다고 하더라도 다루지 못한 사항들이 있게 마련입니다. 완벽한 고객 매뉴얼은 이 세상에 없습니다.

　중요한 것은 매뉴얼에 없는 일이 생겼을 때 직원 모두가 의견을 내 매뉴얼에 새로운 대처 방법을 추가해 나가는 데 있습니다. 매뉴얼은 이렇게 해서 진화하게 되고, 다른 가게에서는 흉내 내지 못할 당신 가게만의 서비스를 실현할 수 있습니다.

착각 ❾

가게를 오픈할 때는 떠들썩하게 선전한다

　가게 경영에 있어 가장 염두에 두어야 할 것은 올바른 방법과 절차지키기입니다. 그중에서도 다른 그 무엇보다 소홀히 해서는 안 되는 것이 손님을 모으기 전에 가게의 체제를 제대로 갖추는 일입니다.

　'가게를 오픈할 때는 떠들썩하게 선전하라!'

　가게를 처음 시작할 때에 자주 듣는 말입니다. 창업 초기이니 홍보를 위한 자금은 준비되어 있을 것이고 운영자금이 줄기 전에 손님을 모으는 데 우선적으로 지출해야겠다는 마음이 앞설 것입니다. 한편으로는 이해도 됩니다. 창업 초기는 어느 때 못지않게 불안한 시기입니다. '손님들이 과연 올까?' 하는 생각에 마음 편한 날이 없습니다. 그래서 가능한 한 이것저것 해보자는 생각은 어찌 보면 당연할 수도 있습니다.

　하지만, 분명하게 말하겠습니다. 그런 마음을 꾹꾹 참고 홍보는 뒤로 미루시기 바랍니다. 오픈 당초에는 아무리 치밀하게 준비했더라도 반드시 서비스에 구멍이 생기는 법입니다. 고객 매뉴얼대로 직원들이 움직이지 않거나 재고를 예측하지 못해 상품이 동이 나거나 그밖에도 예측하지 못한 일들이 하나둘이 아닙니다. 이런 다양한 문제점들이 생길 위험이 가장 높은 시기에 손님이 물밀듯 몰려오면, 어디까지나 이는 자살 행위입니다. 예비고객을 잃어버릴 수도 있기 때문입니다.

　나쁜 소문은 좋은 소문에 비하면 열 배나 빨리 퍼집니다. 오픈 할 때에 가게를 찾는 손님은 당연히 100퍼센트 첫손님들입니다. 이 첫손님들이 나쁜 인상을 받았다면 두 번 다시 오지 않을지도 모릅니다. 만에 하나 좋지 않은 소문이 퍼진다면 슬프게도 오픈과 동시에 재기불능이 될 수도 있습니다.

개점의 기본은 조용한 오픈! 떠들썩하게 선전하는 것은 가게의 체제가 갖춰진 다음에도 늦지 않습니다. 오픈 당초에 경영자가 가장 신경 써야 할 것은 손님을 모으는 것이 아니라, 생각한 대로 가게가 굴러가는가 하는 점입니다. 최초의 1~2개월은 가게의 체제를 정비하고 이렇게 제대로 준비가 된 상태에서 홍보로 넘어가기 바랍니다.

착각 ⑩
자금이 없으면 대박가게로 바꿀 수 없다

 손님이 오지 않는다, 돈이 바닥을 드러냈다, 직원들이 하나 둘 그만둔다, 이대로 가게를 접는 것 외에는 방법이 없다……. 사장의 등에 식은땀이 흐르는 순간입니다. 그러나 당신만이 이 같은 경험을 하는 게 아닙니다. 가게 경영자라면 누구나 한번쯤은 이 같은 상황을 경험하게 됩니다.

 사물의 뒷면을 보십시오. 이러한 때야말로 경영자인 당신의 의식을 바꿀 수 있는 절호의 기회가 됩니다. 잘나가는 가게도 속사정을 들어보면 매출 때문에 고심하는 시기가 있었습니다. 그들에게 '그때 그 경험이 지금의 가게 경영에 도움이 되었는가' 하고 물어보면 열이면 열 모두 그렇다고 대답합니다. 또한 현재 잘나가는 가게도 처음부터 돈을 잘 벌었던 게 아닙니다. 밤낮으로 고생하며 행동으로 하나하나 옮기는 와중에 지금의 가게를 만들어낼 수 있었습니다.

당신의 가게를 잘되는 가게로 바꾸기 위해 필요한 자금은 제로입니다. 그 대신 당신의 시간과 노력과 의식을 바꿀 수 있는 용기가 필요합니다. 나머지는 이 책에 쓰인 대로 가게 운영의 절차를 지키기만 하면 됩니다. 40쪽에 잘되는 가게를 만들기 위한 우선순위를 순차적으로 정리해 두었습니다. 이것이 당신의 가게가 거듭나는 올바른 절차입니다. 그런데 수많은 사장님들이 이와는 반대의 순서로 생각하는 것은 왜일까요?

2장에서 설명할 경영자의 의식변혁에서부터 4장의 사업계획 세우기까지는 읽은 다음에 바로 실행하기 바랍니다. 그리고 그 일이 어느 정도 정리된 다음에는 5장을 읽고 시간을 들여 꾸준하게 가게의 직원 관리를 재검토하기 바랍니다. 마지막으로, 6장과 7장의 손님 모으기 방법을 익혀 실천하면 됩니다.

중요한 것은 이 책을 읽는 것이 아닙니다. 이 책을 통해 얻은 지식을 바탕으로 스스로 생각하고 고민해야 합니다. 그리고 무엇보다 중요한 것, 그것은 지금 바로 행동으로 옮기고 꾸준히 실천해 나가는 것입니다. 그렇게 한다면 당신의 가게는 틀림없이 잘되는 가게로 거듭날 수 있습니다.

잘되는 가게로 바꾸기 위한 우선순위

우선순위 ❶ 경영자의 의식변혁

우선순위 ❷ 가게의 철저한 분석

우선순위 ❸ 경영방침의 확립(당신은 왜 그 가게를 경영하고 있는가)

우선순위 ❹ 브랜드 계획 세우기(손님이 당신의 가게를 선택한 이유를
　　　　　　　명확하게 인식한다)

우선순위 ❺ 사업계획 세우기(중기 5년, 단기 1년을 기준으로
　　　　　　　가게의 목표수치를 결정)

우선순위 ❻ 재무관리(사업계획에 기초해 평소 실적의 관리와 조정)

우선순위 ❼ 직원 채용 업무

우선순위 ❽ 조직의 동기부여 관리와 운영방법

우선순위 ❾ 손님 응대, 서비스 품질 향상

우선순위 ❿ 기존고객을 다시 찾게 만드는 시책

우선순위 ⓫ 신규고객 모으기

우선순위 ⓬ 고객 1인당 구매액 올리기

제1장의 정리

당신의 '상식'은 정말로 옳을까?

잘되는 가게로 바꾸는 힌트는 '업계의 비상식' 안에 숨어 있다.
지금까지의 상식을 원점에서 다시 검토하자.

가게 경영의 10가지 큰 착각

- **착각 ❶** 작은 가게는 상권을 줄여서 지역밀착형으로 운영해야 한다.
- **착각 ❷** 뒷골목에 있고 역세권에서 먼 가게는 안 된다.
- **착각 ❸** 사람들이 원하는 상품이나 서비스가 아니면 팔리지 않는다.
- **착각 ❹** 수익 확보를 위해 구매비나 인건비를 삭감한다.
- **착각 ❺** 원가율과 인건비에는 업계의 평균치가 있다.
- **착각 ❻** 아르바이트생은 책임감이 없다.
- **착각 ❼** 전단지를 제대로 만들어 돌리면 손님을 모을 수 있다.
- **착각 ❽** 매뉴얼대로 하는 손님맞이에 기뻐할 손님은 없다.
- **착각 ❾** 가게를 오픈할 때는 떠들썩하게 선전한다.
- **착각 ❿** 자금이 없으면 대박가게로 바꿀 수 없다.

→ 이것들은 모두 업계의 상식이기는 해도
 가게 경영에서는 버려야 할 비상식이다!
 이 책에서 작은 가게만의 성공 비결을 배우자.

잘되는 가게로 거듭나는 12가지 단계

2

흑자로 만드는 바른 순서를 알고 있습니까?

잘나가는 가게로 바꾸는 데에는 바른 순서가 있습니다. 그러나 적자 가게의 사장님 대부분은 독립을 해서 처음 경영을 해보는 사람들입니다. 그들은 이 절차를 몰라서 잘못된 순서로 일을 처리하곤 합니다. 한 번 단추를 잘못 끼우게 되면 아무리 시간이 흘러도 바로잡을 수 없습니다. 악순환의 고리를 끊지 못한 채 마침내는 가게 문을 닫게 되고야 맙니다. 가게를 개선하기 위해서는 먼저 바른 순서에 대해 꼭 이해해야 합니다. 이 책은 이처럼 경영 개선의 바른 순서에 맞춰 장을 구성했습니다. 따라서 순서대로 읽으면서 무엇이 옳고 그른지 내 가게의 경우와 비교해 가게를 분석하기 바랍니다.

실천 마케터로서 유명한 간다 쇼덴 씨는 《1시간 만에 끝내는 기업 단독선두 프로젝트》의 머리말에서 '전략이 있는 회사는 즐겁게 돈을 번다', '전략이란 절차다'라고 썼습니다. 이 말에는 저도 전적으로 동의합니다. 가게 경영에서 전략이란 잘되는 가게로 바꾸기 위해 무엇부터 할 것인가, 그 우선순위를 정하는 과정입니다.

전술은 눈에 보이지만 전략은 눈에 보이지 않습니다. 여기서 말하는 '전술'이란 홍보 영업을 할 때의 대화법이나 판촉시책, 전단지와 광고 등 눈에 보이는 것들을 가리킵니다. 하지만 이런 각각의 방법을 어떤 순서로 실천할까 하는 '전략'은 곁에서는 절대 보이지 않습니다.

경쟁가게도 나와 똑같은 방법을 쓰고 있는데 왜 거기는 잘되는 걸까? 내 가게는 왜 안 되는 걸까?

이것을 가르는 열쇠는 눈에 보이는 전술이 아닌 전략, 즉 절차와 우선순위의 차이에 있습니다. 따라서 경영자는 바른 절차를 이해하는 게 무엇보다 급합니다.

'잘되는 가게로 바꾸기 위한 우선순위'에 대해서는 1장에서 다루었습니다. 정말 중요한 내용이므로 다시 한번 적어 보겠습니다.

우선순위 ⑫ 고객 1인당 구매액 올리기

우선순위 ⑪ 신규고객 모으기

우선순위 ⑩ 기존고객을 다시 찾게 만드는 시책

우선순위 ⑨ 손님 응대, 서비스 품질 향상

우선순위 ⑧ 조직의 동기부여 관리와 운영방법

우선순위 ⑦ 직원 채용 업무

우선순위 ⑥ 재무관리(사업계획에 기초해 평소 실적의 관리와 조정)

우선순위 ⑤ 사업계획 세우기(중기 5년, 단기 1년을 기준으로 가게의 목표수치를 결정)

우선순위 ④ 브랜드 계획 세우기(손님이 당신의 가게를 선택한 이유를 명확하게 인식한다)

우선순위 ③ 경영신념의 확립(당신은 왜 그 가게를 경영하고 있는가)

우선순위 ② 가게의 철저한 분석

우선순위 ① 경영자의 의식변혁

우선순위를 굳이 거꾸로 적은 것은 우선순위가 낮은 것에서부터 손을 대는 사장님들이 정말 많기 때문입니다. 순서를 반대로 하고 있으니 가게가 잘 될 리 없습니다.

서비스의 질이 향상되지 않았음에도 불구하고 신규고객을 모으고 있으니 손님의 불만이 쌓입니다. 경영자 자신의 의식을 바꾸지 않고 직원들의 의식부터 바꾸려고 합니다. 수익이 제대로 나지도 않는데 돈을 흥청망청 무계획적으로 지출합니다. 웃자고 하는 이야기가 아닙니다. 정말 이 같은 경영자들이 적지 않습니다.

어떤가요? 전략의 소중함, 절차와 우선순위의 중요성을 이해하셨습니까? 가게 경영의 절차를 바로잡는 것이 선결과제이고, 이것이 잘되는 가게를 만드는 첫걸음입니다.

상품이나 서비스보다 내 의식부터 바꾸자

아마도 의문을 갖고 있는 독자들도 있을 것입니다. 장사에서 가장 중요한 상품과 서비스에 대해서는 별로 다루지 않고 있으니까요. 경영자인 당신이 가장 소중히 여기는 상품과 서비스는 이미 갖춰져 있을 것입니다. 상품과 서비스 자체는 업종업태에 따라 다양합니다만, 어느 가게든 자신의 상품과 서비스에 자신이 있기 때문에 가게를 열었을 것입니다.

그런데, 가게가 잘되고 안되고는 사실 상품이나 서비스가 중요한 게 아닙니다. 곰곰이 생각해 보십시오. 무엇을 팔든 잘 파는 게 중요한 게 아닐까요? 아이템의 선정이 중요하지 않다는 의미가 아니라, 지금 현재 사업을 하고 있는 당신에게 가장 중요한 것은 당신의 상품과 서비스의 매력을 어떻게 고객에게 전할 것인가 하는 문제라는 말입니다.

손님이 매력을 느끼지 못하는 상품과 서비스는 아무런 가치가 없습니다. **경영자에게는, 상품과 서비스 자체가 아니라 그 상품과 서비스의 가치를 어떻게 전할까를 고민하는 게 훨씬 중요합니다.** 가게의 운명은 상품 때문이 아니라 나의 마음가짐과 노력에 달렸습니다. 먼저 이 의식을 경영자인 당신부터 분명하게 인식해야 합니다. 직원들은 사장 마음의 거울입니다. 사장의 의식이 바뀌면 가게에서 일하는 직원들도 따라오게 되어 있습니다.

저는 지금까지 다양한 업종의 사장님들과 만나면서 가게의 경영상태가 호전되는 모습을 수없이 지켜보았습니다. 여기에서 깨달은 한 가지 사실은, 경영개선에 가장 중요한 요소는 손님 모으기가 아니라는 점입니다. 저 같은 컨설턴트의 도움이나 직원들의 노력 또한 없어서는 안 되겠지만 절대적인 것은 아니었습니다. 가장 중요한 것은 가게 경영자의 머릿속, 다시 말해 경영자의 의식과 생각의 변화가 경영개선의 가장 중요한 요소였습니다. 가게의 으뜸인 경영자, 당신의 의식이 직원들의 의식이 되고, 가게의 분위기가 되어 손님들의 인상에 심어져야 합니다. 역으로, 경영자인 당신의 의식을 바꾸지 않으면 가게도 바뀌지 않습니다.

고객 사장님께 컨설팅해 주는 도중에 이런 말을 자주 듣습니다.

"우리 직원들은 도대체가 의욕이 없어요."

"손님이 꾸준하지 않네요."

"사장이 고생한다고 해서 누가 알아주는 것도 아니고…….""

이 같은 사장님들의 말에 제가 해줄 수 있는 답은 오로지 하나였습니다.

"아뇨, 경영자인 당신이 문제입니다."

잘되는 가게로 바꾸기 위한 우선순위 제1, 경영자인 당신의 의식을 바꾸기 위해서라도 경영개선에 가장 중요한 시간, 자금, 정보 사용법에 대해 지금부터 알려드리겠습니다.

"그런 거 말고 지금 당장 가게를 바꿀 만한 노하우가 알고 싶습니다!"

여러분의 마음속 목소리가 들리는 듯합니다만, 이 장 마지막까지 참아주시기 바랍니다. 이 장에서 소개하는 내용은 말하자면 '경영이라는 나무의 줄기'입니다. 이것을 이해하지 못하면 다음에 설명할 가게개선의 노하우는 '이파리'에 불과합니다. 물론 이파리도 중요합니다만, 가게의 근본을 송두리째 좌지우지할 경영자의 마음가짐이 그보다는 먼저입니다.

경영자에게 가장 중요한 것

상품과 서비스의 확립  당연히 준비되어야 한다

상품과 서비스의 가치를 전달 ┈┈▶ 경영자에게 가장 중요!!

잘되는 가게로 바꾸기 위해 돈보다도 중요한 것

갑작스런 질문입니다만, 당신의 인생은 무엇으로 이루어져 있습니까? 이렇게 질문하면 다양한 대답을 떠올리겠지요. 돈, 행복, 친구, 가족, 사명감, 연인 등등. 그런데 당신은 무엇이라고 대답했을까요? 물론 어떤 대답도 틀린 것은 아닙니다. 다만 경영자라면 '이것만큼은 분명하다'라고 할 대답을 하나 정도는 갖고 있는 것이야말로 향후의 가게 경영을 좌우하는 커다란 분수령이 됩니다.

경영자의 고민은, 아마도 그 대부분은 돈으로 해결할 수 있을지 모릅니다. 아니, 가게 경영자가 아닌 누구라도 세상 걱정거리의 상당 부분은 돈이 해결해 줄 것입니다. 하지만 돈으로 인생이 구성되어 있지는 않습니다. 돈은 목적을 달성하기 위해 혹은 과제를 해결하기 위해 어떤 것과 교환하기 위해 필요한 도구입니다. 또는 당신 인생에서 가장 중요한 것을 대가를 치르고 얻는 도구가 될 수도 있습니다.

그러면 돈 이외에 가장 중요한 것은 무엇입니까?

그것은 시간입니다. 인생은 시간으로 이루어집니다. 시간이란 인생에서 가장 중요한 요소입니다. 왜냐하면 시간은 유한하기 때문입니다. 국어사전에도 실려 있는 것처럼, 수명의 '수壽'라는 글자는 시간을 나타냅니다. '명命'이라는 글자에는 '숨이 붙어 있는 사이'라는 의미가 있습니다. 즉, 당신의 인생은 당신이 살아 있는 시간으로 이루어져 있습니다.

자금이 달리면 시간을 투자하는 수밖에 없다

　시간과 돈에는 밀접한 관계가 있습니다. 예를 들어 도쿄에서 오사카로 여행을 간다고 합시다. 도쿄에서 오사카로 가는 방법에는 몇 가지가 있습니다. 비행기, 신칸센, 일반열차, 버스, 자가용, 자전거, 달리기, 걷기 등등이 가능할 텐데, 뒤에 있는 수단일수록 목적지까지 가는 데 걸리는 시간이 길어집니다. 반대로, 1인당 비용은 앞의 방법일수록 비싸집니다. 이처럼 돈을 들이면 시간이 단축됩니다. 그리고 이동의 과정이 쾌적해집니다. 마찬가지로 돈을 들이지 않는다면 목적지에 도착하기 위해서는 당신의 소중한 시간과 노력을 들여야 합니다.
　그런데 요즘은 잘만 하면 신칸센보다 비행기가 저렴하다고 하네요. 비수기에 빨리 예약을 하면 신칸센보다 싼 티켓을 구할 수 있어서 시간도 돈도 줄일 수 있습니다. 이것은 정보가 가치로 바뀌어 시간과 돈을 줄일 수 있는 좋은 예입니다. 정보의 중요성에 대해서는 뒤에서 다시 다루겠습니다.
　어쨌든, 잘 생각해 보기 바랍니다. 가게의 매출 상황을 개선하고자 할 때에 머릿속에 가장 먼저 떠오르는 것은 모두가 돈이 드는 방법이 아닌가요? 분점을 하나 더 내고 싶다, 인테리어를 다시 하고 싶다, 전단지를 뿌려야겠다, 광고를 실어야겠다 등등 온통 돈을 떼놓고 생각하기 어려울 것입니다. 그런 의미에서 돈은 당신의 꿈을 이루기 위해 시간을 단축시켜 주는 도구라고 할 수 있습니다.
　대다수 창업자들은 본점이 자리 잡는 데 가장 시간이 많이 걸렸다고 말합니다. 이후에 분점을 내는 속도가 빨라지는 것은 자금을 회전시킬 수 있기 때문입니다. 돈이라는 시간단축 도구를 손에 넣었기 때문에 가능한 것이지요. 돈이 시간을 단축시키고 또다시 돈을 몰고 오는, 호순환이 작동하는 것입니다.

그런데 돈이 없다면 어떻게 할까요? 당신이 할 수 있는 유일한 방법은 인생과 동등한 의미를 지니는 시간을 만들어 내는 것뿐입니다. 분명하게 말합니다. 돈도 시간도 들이지 않고 잘되는 가게로 바꿀 수는 없습니다. 바꾸어 말하면, 돈이 없더라도 시간을 들이면 반드시 잘나가는 가게로 바꿀 수 있다는 말입니다.

이제, 당신의 시간을 낼 각오가 생겼습니까?

'결단決斷'이란 말은 결정을 해서 자른다는 의미입니다. 결단한다는 것은 자신의 시간을 내는, 즉 자신의 여가나 사적인 일에 쓸 시간을 자르고 결정하는 것에 다름 아닙니다. 앞으로의 인생을 여가나 사적인 일에 전혀 쓰지 말라는 뜻이 아닙니다. 일단 각오를 다졌다면, 잘되는 가게로 바꾸는 데 그렇게 많은 시간이 드는 것도 아닙니다. 제가 컨설팅하고 있는 가게도 빠르면 3개월, 늦어도 1년 안에 효과를 보았습니다. 그 정도 시간만 투자할 수 있다면 충분합니다.

잘되는 가게로 바꾸기 위해 필요한 것

① 돈　: 무언가를 하기 위해

　　　　필요한 시간을 단축해 주는 도구

② 시간 : 인생을 구성하는 것.

　　　　한계가 있지만 모두에게 공평하다.

③ 정보 : 무언가를 하기 위해

　　　　필요한 돈과 시간을 단축해 주는 도구

→ 돈이 없으면 그만큼 시간이나 정보를
　 잘 활용해야 한다!!

중요한 것은 당신의 시간 사용법

 컨설팅 고객을 처음 만나서 면담할 때에 착각에 빠진 창업자들을 이따금 봅니다. 아주 열심히, 자는 시간도 쪼개서 일하고 가게의 영업시간도 가급적 길게, 연중무휴로 성심성의껏 일하면 반드시 가게가 잘될 거라는 신념을 갖고 있다는 사실입니다. 장시간 일한다고 해서 반드시 수익이 오른다는 보장은 없습니다. 이것이 회사원과 자영업자의 차이입니다. 이 점을 분명하게 인식하고 가게를 운영해야 합니다.
 자영업자 A씨는 아침부터 밤늦게까지 쉬지 않고 땀흘려가며 일했는데도 좀처럼 손님이 늘지 않았습니다. 열심히 요리를 만들고 쉬는 시간에는 가게 앞에서 사은품도 돌려보지만 가게 상황은 그다지 나아지지 않습니다. 점점 가게가 기울더니 마침내는 문을 닫을 수밖에 없었습니다. 자영업자 B씨는 과감하게 일주일간 가게 문을 닫았습니다. 이 기간 동안 가게의 간판이 될 주력 메뉴를 딱 한 가지 개발했습니다. 그랬더니 이 메뉴가 인기가 좋아 손님이 늘더니 지역에서 가장 번성하는 가게가 되었습니다. 자영업자 C씨는 저의 조언으로, 가게에서 쉬는 시간에 메뉴표를 고쳤습니다. 그렇게 하자 다음날부터 매출이 1.3배로 늘었습니다.
 제가 말하려는 의도를 아시겠습니까? **시간 사용법을 바꿔 하나의 돌파구를 만드는 것만으로도 번영점이 되는 길은 열려 있습니다.** 거꾸로, 다른 사람들보다 아무리 긴 시간을 일했다고 해서 가게가 잘 될 리는 없습니다. 이것을 명심하고 가게 개선에 임하기 바랍니다.
 다만 주의할 점은 '행동하는 시간'과 '생각하는 시간'의 구분입니다. 인간은 기본적으로 생각을 싫어하는 동물입니다. 행동하기 전에 잠시 멈

취 서서 생각했더라면 일어나지 않았을 일들이 너무 흔합니다. 예컨대, 1장에서 다루었던 입지의 문제가 그렇습니다. 처음 가게를 낼 때 별다른 고민 없이 번화가의 노른자위 입지를 골랐다면……. 고정비의 부담에 허덕이고 길거리 홍보도 제대로 안되고 이웃가게와의 경쟁으로 몸과 마음은 나날이 피폐해질 것입니다.

이처럼 행동으로 옮기기 전에 생각하는 시간을 갖는다는 것은 정말 중요합니다. 매순간 판단을 내려야 하는 경영자의 입장에서는 더욱더 그러할 것입니다.

왜 대박가게에는 마케팅이 필요한가

지금부터 하는 이야기는 조금 딱딱할지도 모르겠습니다. 그러나 직원들에게도 꼭 전해야 할 만큼 중요한 내용입니다. 잘되는 가게를 만들기 위해 '스스로 생각하고 성장하는 조직'을 만드는 데 절대 필요한 대전제입니다.

화이트칼라와 블루칼라라는 단어를 들어 본 적이 있을 것입니다. 간단하게 말하자면, 화이트칼라는 지적 노동자, 블루칼라는 육체노동자입니다. 옛날에는 생각보다 행동에 시간을 들이는 것이 많은 가치와 성과를 낳았습니다. 거의 모든 산업이 노동집약을 통해 성과를 냈으니까요. 하지만 산업혁명 이후의 세계에서는, 돈은 상품을 만들어내는 기계를 소유한 인간에게 몰리게 됩니다. 이때부터 인간의 노동가치가 급격하게 떨어집니다. 당연한 결과입니다. 인간이 1시간 동안 만드는 제품의 양보다 기계가 1시간 동안 만드는 양이 압도적으로 많기 때문입니다.

그런데 애당초 이 기계를 만든 것은 누구일까요? 물론 인간입니다. 그렇다면 인간은 왜 그런 기계를 만들었을까요? 정답부터 말하자면, 좀 더 편안하게 돈을 벌 수단은 없을까 하고 고민한 결과입니다. 교통수단, 통신수단, 유통수단, 생산수단도 모두가 시간과 돈의 낭비를 어떻게 줄여 큰 성과를 낼 것인가에 대한 고민의 결과입니다. 이렇게 되자, 노동을 하는 인간보다 상품 만드는 기계를 고안한 인간 쪽에 돈이 집중되었다는 사실은 말할 필요조차 없습니다. 그리고 이때 화이트칼라와 블루칼라라는 말이 정착되었습니다.

최근에는 또 하나의 변화가 생겼습니다. 수요과 공급의 균형이 무너져 상품을 만들기만 하면 팔리는 시대가 끝난 것입니다. '물건을 만들면 손님이 온다. 그리고 팔린다.' 이런 시대는 완전히 끝났습니다. 이제는 사회 전체적으로 수요보다 공급이 풍부한 시대가 되었습니다. 다시 말해, 당신의 가게에 올 것인가 다른 가게로 갈 것인가를 손님이 선택합니다.

여기서 다시 한 번 인간의 노동 패턴이 변합니다. **보다 많은 제품을 생산하기보다는 보다 많은 손님이 선택하게 하는 방법을 찾은 사람이 보다 높은 대우를 받는 세상이 되었습니다.** 그리고 이 때문에 '마케팅'이라는 분야가 생겨났습니다. 손님에게 선택받기 위해서는 어떻게 하면 좋을까? 어떻게 하면 보다 적은 시간과 돈으로 손님에게 선택받고 지지받을 수 있을까를 생각할 줄 아는 사람이, 가장 큰 성과를 내고 대우받는 시대가 된 것입니다.

당신이 꼭 알아야 할 대박가게의 공식

　시간을 어떻게 효율적으로 쓸 것인가 그리고 손님에게 얼마나 어필할 수 있는가를 고민하는 것, 이것이 가게 경영의 중요한 열쇠가 된다는 사실을 앞에서 설명했습니다. 어느 업계에 있든 이것은 모든 경영자에게 해당됩니다. 경영자인 당신에게 가장 중요한 일은 '많은 성과를 내는 방법 = 보다 효율적으로 많은 고객을 모으고 어필하는 방법'을 찾는 것입니다. 당신의 시간은 이를 위해 사용되어야 합니다.

　다음으로 문제가 되는 것은 시간의 사용법, 즉 생각한다는 것에 관해서입니다. 많은 경영자들이 생각의 중요성을 인식하고 있습니다. 하지만 어떻게 생각할 것인가, 즉 생각의 방법을 모르기 때문에 개선의 방법도 찾지 못하는 경영자들이 많습니다.

　생각의 방법을 마스터하는 것은 사실 간단합니다. 예를 들어 복잡한 수식을 처음부터 풀려면 시간이 꽤 걸릴 것입니다. 그러나 특정한 공식을 알고 있다면 공식에 대입하는 것만으로 답을 얻을 수 있습니다. 저는 이 같은 가게경영의 '공식(생각의 방법)'을 전달하고자 합니다. 단순한 노하우라고 여길 사람이 있을지도 모릅니다. 노하우는 시대에 따라 변화하고 이 책에 쓰인 노하우도 언젠가는 진부해집니다. 하지만 왜 그 노하우를 생각하고 실천하는가를 깨달음으로써 시대에 맞게 응용할 수 있습니다.

　저는 당신이 가게 경영자로서 성공할 수 있기를 바라는 마음으로 '돈을 들이지 않고 잘되는 가게'로 만드는 노하우를 전하고자 합니다. 실제로 이 노하우를 사용해 성공한 사람들은 얼마든지 있습니다. 또한 이 노하우의 본질, 생각의 방법을 습득한 창업자는 그때그때 자신만의 생각으로 가게를 안정화시키고 매출을 더욱 키웠습니다. 부디 이 책의 본질을 제대로 파헤쳐 가져가시기 바랍니다.

시간과 돈 모두를 절약할 수 있는
정보의 위력

생명과 동등한 가치를 지니는 시간을 효과적으로 사용하기 위해서는 생각의 방법을 배우는 게 중요하다는 말씀을 드렸습니다. 다음으로는, 생각의 방법을 배우기 위해 필요한 정보의 중요성에 대해 설명하겠습니다.

정보에도 가치가 있어서 이것을 손에 넣으려면 투자가 필요합니다. 당신 또한 정보를 얻기 위해 돈을 주고 이 책을 샀을 것입니다. 그런데, 이 책을 사서 정보를 얻으려고 하는 당신의 진짜 목적은 무엇입니까? 책의 제목을 보고 자신의 가게를 개선하고 싶어서, 또는 대박가게를 만들겠다는 생각으로 구입한 사람들도 있을 것입니다. 혹은 장래에 가게를 열어 독립하려는 사람, 또는 저와 같은 컨설턴트로서 노하우를 얻고자 책을 샀을 수도 있습니다.

저 역시 며칠에 한 권씩, 지금까지 수백 권의 컨설팅 관련 도서, 업계 정보서, 노하우를 담은 단행본 등을 독파했습니다. 고객을 위해 필요한 지식을 철저하게 쌓아온 것이지요. 왜 그렇게까지 하면서 책을 읽었을까요? 아니, 책을 읽는 것뿐만이 아니었습니다. 세미나에 참석하거나 동종업계의 사람들 모임에 참석하고 고객과의 식사, 유명한 가게를 둘러보는 등 다양한 수단을 통해 정보를 축적했습니다. 이렇게 시간과 돈을 써가며 얻은 정보에는 도대체 어느 정도의 가치가 있는 것일까요?

정보란 필요 시간, 필요 경비를 단축해 주는 도구입니다. 쉽게 말해, 이 책을 읽음으로써 원래는 자신의 시간을 들여 때로는 돈까지 써가며 경험하지 않으면 모를 내용을 짧은 시간 안에 내 것으로 만들 수 있습니다. 책의 저자가 수년에 거쳐 시간과 돈을 들여 경험한 생각과 노하우, 지식을 책 한 권에서 모두 얻을 수 있는 것입니다. 이것이 바로 정보의 가치입니다. 당신의 귀중한 시간을 단축하기 위해 정보수집에 더욱 주의를 기울이기 바랍니다.

정보의 '레버리지 효과'를 극대화하는 비결

정보는 단순히 수집만 하면 되는 게 아닙니다. 금융용어 중에 '레버리지'라는 게 있습니다. 원래 '지렛대의 원리'라는 뜻으로 작은 힘으로 큰 돌을 움직이기 위해 지렛대를 이용하는 것처럼 적은 투자로 큰 수익을 얻는 것을 가리킵니다. 정보란 '레버리지'와 같습니다. 예를 들어 이 책에서 얻은 정보를 적절하게 이용해 가게의 매출이 천만 원 올랐다고 합시다. 당신이 투자한 것은 책값 만 원과 책을 읽는 2~3시간 정도일 테니 이것이야말로 레버리지 효과입니다.

돈과 시간을 들이지 않고 잘나가는 가게로 만들기 위해서는 이 정보로부터 얻은 가치, 레버리지 효과를 극대화해야 합니다. 이를 위해서는 두 가지 방법이 필요합니다.

첫 번째 방법은 매우 간단합니다. **정보를 단순히 받아들이기만 할 게 아니라, 목적을 분명히 인식한 상태에서 받아들이라는 것입니다.**

목적이 없다면 정보의 가치는 사람에 따라 제각각입니다. 목적을 갖고 있는 사람에게는 유익해도 사용의 목적이 없는 사람에게는 무가치할 수밖에 없습니다. 그 정보를 얻어 스스로 실현하려는 의지, 즉 '경영을 개선하고 싶다, 손님이 끊이지 않는 가게를 만들고 싶다, 그래서 이 책을 읽는다'는 것을 명확하게 인식하고 있을 때 책에서 얻는 정보의 가치는 쑥쑥 올라갑니다.

두 번째는 더욱 간단합니다. 얻은 정보를 행동으로 옮기는 것입니다. 정보를 얻어 그것을 실천할 수 있는 사람은 전체의 10분의 1에도 못 미칩니다. 더욱이 그 행동이 지속가능한 사람은 다시 10분의 1, 즉 전체의 1퍼센트뿐입니다. 이 책을 읽고 실제로 행동으로 옮기고 또한 지속하십시오. 당신은 1퍼센트의 성공자가 될 수 있습니다.

정보의 레버리지 효과를 높이는 비결

① 목적을 명확하게 인식하고 정보를 받아들인다.

ex) 손님 모으기를 제대로 하고 싶다. → 책을 읽는다.
→ 설명회에 참가한다.
→ 컨설턴트와의 상담 등

② 계속해서 실행한다.

ex) 고객의 재방문율을 높이고 싶다 → 감사엽서를 보낸다.
→ 고객 매뉴얼을 고친다.
→ 회원카드(쿠폰)를 만드는 것 등

제가 소개하는 개선책을 시행해서 매출이 오르지 않은 가게는 이제껏 없었습니다. 왜냐하면 저의 노하우를 실천하는 것만으로 이미 상위 1퍼센트 안에 들기 때문입니다. **하지 않았던 일을 하는 것만으로도, 매출은 반드시 오릅니다.** 정보의 레버리지 효과를 극대화하는 방법! 그것은 행동하고 또 행동하며 계속해서 실행하는 데에 있습니다.

지금 당장 적자 상황이 너무 힘들어 지푸라기라도 잡고 싶은 심정이라면, 이 이상의 조건은 없습니다. 지금 당장 어떻게든, 뭐라도 할 수밖에 없을 테니까요. 지금의 상황이 잘나가는 가게로 변모할 수 있는 계기가 되고 힘이 되어 줄 것입니다.

앞날을 걱정할 필요 없습니다. 당신은 반드시 할 수 있습니다. 바르게 생각하고 행동하며, 또다시 생각합니다. 이 사이클을 지속하는 한 개선되지 않을 가게는 이 세상에 없습니다.

대기업의 경영기법은 작은 가게에 도움이 되지 않는다

앞에서 많은 지면을 할애해 시간의 바른 사용법과 정보의 바른 이용법에 대해 말씀드렸습니다. 이 두 가지는 가게를 번성시키기 위한 노하우 이상으로 중요하다고 감히 말하겠습니다. 이것을 제대로 이해하지 못하면 아무리 좋은 노하우를 실천한들 매출은 일시적으로밖에 오르지 않습니다. 그만큼 본질에 속하는 사항이므로 이해가 충분하지 않다고 여겨지면 몇 번이고 되풀이해서 읽기 바랍니다.

이번에는 가게 경영자에게 필요한 정보의 질에 대해 살펴보겠습니다. 그전에 먼저 조금 부끄러운 이야기를 하나 하겠습니다.

지금으로부터 5년 전 이야기입니다. 오사카 시타쵸에 있었던 어느 작은 빵가게 사장과 만났을 때였습니다.

도미타   이 빵은 정말 맛있네요! 이처럼 가게를 작게 운영하시는 게 아깝다는 생각이 들 정도로요.

사   장   하지만 전 빵 만드는 거 외에는 아무것도 몰라요. 경영 같은 건 도무지….

도미타   걱정 마세요. 제가 있잖습니까!

사   장   그런가요? 그토록 자신이 있으면 나를 도와 가게를 키워줄 수 있나요?

도미타   물론이죠. 맡겨만 주세요. 떼놓은 당상이니….

경영 컨설턴트로서 제가 처음 일을 시작한 것은 스물다섯 살 때였습니다. 제가 설립한 통신판매 회사가 힘들어져 무언가 새로운 장사를 할까 하고 고민하던 차에 발견한 것이 자본이 전혀 들지 않는(정보에도 돈이 든다는 사실은 나중에야 깨달았습니다.) 경영 컨설턴트라는 직업이었습니다. 대형 컨설팅 회사에서 일하는 선배에게 평소 이런저런 이야기를 들은 적이 있어서 무모하게 경영 컨설턴트라는 직업을 택했던 것입니다. 경영 컨설턴트는 아무런 자격증 없이 시작할 수 있기 때문에 시작은 정말 간단했습니다. 물론 이렇다 할 실적이 있었던 것은 아닙니다. 영업에 조금 경험이 있었고 나를 어필하는 데에는 자신이 있었기 때문에 일단 일을 시작했습니다.

하지만 그때부터가 큰일이었습니다. 지금 고백하지만, 위에서처럼 중요한 계약을 한 빵집의 매출을 어떻게 올릴 것인가? 제게는 아무런 대책이 없었던 것입니다. 당황한 저는 컨설팅 관련 책을 뒤지고 세미나에 참석하면서 서둘러 다양한 지식을 쌓아갔습니다.

마케팅의 4P(마케팅의 4대 요소인 제품Product, 홍보Promotion, 장소Place, 가격Price을 아울러 이르는 말), 포트폴리오 매니지먼트, 마케팅 리서치, 머천다이징, 타임 매니지먼트, 디팩토 스탠다드(어떤 제품이나 물질이 최초로 개발되거나 발견되면 그것이 곧 모든 네트워크에 파급되어 사실상의 표준을 이룬다는 것을 말한다.) 등등……. 그런데 이 중에 실제로 작은 가게를 운영하고 있는 빵집 주인에게 도움이 되는 노하우가 있었을까요? 없었습니다. 깜짝 놀랄 만큼 전무했습니다.

경영 컨설턴트라는 자격은 없어도 세상에는 MBA나 공인회계사 같은 비즈니스 관련 자격은 있습니다. 이들이 취득하는 지식은 중소 규모 이상의 회사에는 도움이 될지언정 거리에서 가게를 운영하고 있는, 사장이 직접 가게에 나가 시간 쪼개기도 쉽지 않은, 종업원 수도 자금도 넉

넉지 못한 소규모 가게에서는 아무런 도움이 되지 못합니다.

여러분도 막연하게나마 느끼겠지만, 그 같은 경영지식을 조금 공부했다고 해서 가게가 잘 될 리는 없습니다. 가게가 번성하는 이유는 다른 데 있습니다.

가게의 개선 수단은 십점십색

"가게가 잘되는 이유는 전혀 다른 데 있습니다."

이렇게 말하면 여러분은 상권, 입지조건, 광고, 매뉴얼, 1인당 구매액 등의 단어를 떠올릴지도 모릅니다. 그러나 이처럼 일상적으로 쓰이는 단어에도 '상식이라는 거짓말'이 숨어 있다는 사실은 1장에서 이미 밝혔습니다. **작은 가게의 개선 방법에는 '상식 깨기'의 노하우가 절실히 필요합니다.**

참고로, 제가 처음 도움을 드렸던 빵가게는 지금은 12개의 분점을 운영하고 있고 대형백화점 지하에도 분점을 내게 되었습니다. 물론 가게의 경영자, 직원들이 하나가 되어 이룬 결과입니다. 그리고 저도 그러한 현장 경험을 통해 책상 맡의 경영론으로는 꿈도 못 꿀 컨설팅 수단을 깨치게 되었습니다. 당신이 믿고 있는 가게 경영의 기본에는 반드시 '이면'이 있습니다. 이제는 분명하게 말할 수 있습니다. 컨설팅을 하고 있는 저의 신조는 '매출에 실제로 효과가 없다면 사기'라는 믿음입니다. 다시 한 번 분명하게 말하자면, **결과를 만들어내는 것은 잘난체하는 컨설턴트가 아니라 현장을 잘 알고 있는 당신 자신입니다.**

컨설턴트는 정보원의 하나에 지나지 않습니다. 당신의 가게에서 성과를 올리기 위한 하나의 계기로만 활용하기 바랍니다. 잘나가는 가게로 바꾸는 것은 결국 당신 자신밖에 없다는 사실을 꼭 명심하기 바랍니다. 그리고 그 힌트는 당신 가게의 현재 상황을 제대로 분석함으로써 찾을 수 있습니다. 앉아서 편안하게 효과를 볼 수 있는, 그런 비책 따위는 애당초 없습니다.

이따금, 다른 가게의 성공사례를 가르쳐달라고 말하는 경영자들이 있습니다. 물론 다른 가게의 성공사례도 소개해 드리지만 그것은 어디까지나 참고사항에 지나지 않습니다. 가게의 경영개선은 그 가게의 업종업태에 따라 다른 것은 물론, 입지, 직원, 고객층 등 다양한 조건에 따라 차이가 있습니다. 그렇기 때문에 노하우를 공부할 게 아니라 생각 방법을 공부해야 한다고 입이 닳도록 말씀드리는 것입니다. 당신만의 개선책을 이끌어낼 생각 방법을 몸에 익히기 바랍니다. 아직 개념이 분명하게 잡히지 않더라도 너무 걱정하지 마십시오. 당신 스스로를 믿고 저를 믿으면서 이 책을 따라오시면 됩니다.

적자의 악순환에서 벗어나는 방법

　가게를 번창시키기 위해 꼭 확인해야 할 게 있습니다. 그것은 당신 가게의 근본적인 문제점이 어디에 있는지를 분명하게 파악하는 것입니다. 과제를 명확히 함으로써 목적의식이 생깁니다. 그리고 앞에서 말한 바와 같이, 목적의식을 명확히 해야만 정보의 레버리지 효과를 높일 수 있습니다.

　적자 경영자의 고민에는 여러 가지가 있습니다. 자금조달, 늘지 않는 신규고객, 효과 없는 전단지, 금세 관두는 직원, 높은 임대료, 구경만 하고 나가는 손님 등등 숱하게 많은 걱정이 있습니다. 하지만 이 같은 걱정을 어떻게 해결할 것인가에 대해 진지하게 생각해 본 적이 있습니까? 매일 진지하게 생각할 시간이 없어서 멍하니 걱정만 하는 사장님들이 얼마나 많은지를, 저는 이 일을 시작한 5년 동안 수도 없이 봐왔습니다.

　심리학에 다음과 같은 말이 있습니다.

　'고민의 원인을 알게 되면 그 고민의 절반은 해결된 거나 다름없다.'

　이것은 사실입니다. 주관에만 의지하면 사람은 누구나 자기 입장에서 판단하게 됩니다. 가능한 한 객관적으로, 감정이입 없이 자신의 고민, 가게의 문제, 직원들의 과제를 분석하고 생각할 시간을 가져야 합니다.

　'적자니까 초조하다 → 초조하니까 사물의 본질을 간파하지 못한다 → 본질을 간파하지 못하니까 잘못된 판단을 한다 → 적자 폭은 더욱더 커진다.'

　부디 이 같은 악순환에 빠지지 않기 바랍니다.

　이제껏 천 명 이상의 경영자들과 만나면서 분명하게 말할 수 있는 사실이 하나 있습니다. 적자 경영자는 시간에 쫓겨 지나치리만큼 생각을 하지 않는다는 점입니다.

흑자 경영자는 세미나에 참석하거나 혼자서 생각할 시간적인 여유가 있습니다. 그리고 무엇보다 그것의 중요성을 이미 뼈저리게 느끼고 있습니다. 그렇다면 지금 가게가 적자라면 어떻게 해야 할까요? 생각할 시간은 더욱 없어질 것이므로 의도적으로 무리를 해서라도 시간을 벌어야 합니다.

사장의 고민은 결국 손님 모으기와 조직

모든 가게 경영자에게는 공통된 하나의 목적이 있습니다. 바로 가능한 한 수익을 많이 내는 것입니다. 아무리 훌륭한 이론이 있다고 해도, 사회에 공헌하고 싶어도, 손님에게 잘해주고 싶어도, 수익이 나지 않으면 그 어떤 가게든 무너지고야 맙니다. 수익이 있기 때문에 고객만족, 직원만족, 사회공헌도 가능하다는 사실을 잊지 않기 바랍니다.

돈을 벌지 못하는 가게는 수익이 낮습니다. 당연한 말입니다. 그러니까 고민을 합니다. 이것을 역으로 말하면, 어떠어떠한 수단을 통해 수익을 올리는 것으로 경영자의 모든 고민은 해결됩니다. 우리는 이제 '내 가게에 맞는 어떠어떠한 수단'을 찾아야 합니다.

수익을 올리기 위해서는 매출을 올리든가, 경비를 삭감하는 수밖에 없습니다. 가게가 힘든 지경에 다다른 경우라면, 사장의 월급까지 삭감해서 더 이상 경비를 줄이기 힘든 상태에까지 와버린 가게가 대부분일 것입니다. 그런 상태에서 가게의 수익을 올리고자 한다면 매출을 올릴 수밖에 없습니다.

매출을 올리기 위해 경영자가 고민해야 하는 것은 두 가지로 집약할 수 있습니다.

① **손님을 모으는 방법**
② **조직 만들기**

이 두 가지에 대해서는 상징적인 사례가 있습니다.

한 가게는, 직원들의 의욕이 매우 높지만 사장이 손님을 모으기 위한 노력을 하지 않습니다. 또 한 가게는, 손님이 제대로 모이지 않아 전단지를 만들어 거리에서 배포하기로 했습니다. 그런데 이 가게의 직원들은 의욕이 없습니다. 사장이 마음먹고 준비한 전단지를 적당히 뿌릴 뿐이어서, 전단지를 아무리 잘 만들었다고는 해도 손님은 늘지가 않습니다.

1장에서도 다루었습니다만, 손님을 모으는 방법이 좋더라도 조직이 준비되어 있지 않으면 수익은 오르지 않습니다. 마찬가지로, 조직이 잘 정비돼 있어도 손님을 모으는 방법이 나쁘면 이 또한 수익은 오르지 않습니다.

직원이 오래 정착하지 못하는 가게는 그만큼 고객서비스가 떨어집니다. 서비스의 질이 떨어지면 좋지 않은 소문이 퍼져 손님은 더욱더 오지 않습니다. 정리하자면, 손님 모으기가 안 되면 종업원의 동기부여가 떨어지고 그래서 종업원이 관두게 되면 또 새롭게 채용해야 하기 때문에 경비와 교육비용이 듭니다. 매출이 떨어지는데 경비는 오르니, 정말이지 엎친 데 덮친 격입니다. 이런 가게에서 수익이 나지 않는 것은 당연합니다.

한편 잘나가는 가게는, 손님 모으기가 잘되기 때문에 직원들도 일에 보람을 느낍니다. 보람을 느끼고 활기 있게 일하므로 손님들은 더욱더 자주 가게를 찾습니다. 그만두는 직원이 적어 채용과 교육비용이 드는 일도 없습니다. 오래 근무함으로써 모든 과정에서 효율적인 업무가 가능해집니다. 매출이 올라가는데 경비는 오히려 줄어드는, 이익이 극대화되는 우량 모델이 되는 것입니다.

이 책을 통해 우리들이 해결해야 할 것은 결국 '손님 모으기'와 '조직 만들기'입니다. 이를 위해서는 처음에 제안한, 바른 절차를 지키는 것이 멀리 돌아가는 것 같아도 가장 가까운 지름길이 됩니다. 이 장의 이해가 불충분하다고 느꼈다면 처음 페이지부터 다시 한 번 읽기 바랍니다. 다음 장부터는 돈을 들이지 않고 잘되는 가게를 만드는 구체적인 방법을 소개하겠습니다.

제2장의 정리

잘되는 가게로 바꾸기 위한 바른 순서

우선순위 ❶ 경영자의 의식변혁

우선순위 ❷ 가게의 철저한 분석

우선순위 ❸ 경영신념의 확립(당신은 왜 그 가게를 경영하고 있는가)

우선순위 ❹ 브랜드 계획 세우기(손님이 당신의 가게를 선택한 이유를 명확하게 인식한다)

우선순위 ❺ 사업계획 세우기(중기 5년, 단기 1년을 기준으로 가게의 목표수치를 결정)

우선순위 ❻ 재무관리(사업계획에 기초해 평소 실적의 관리와 조정)

우선순위 ❼ 직원 채용 업무

우선순위 ❽ 조직의 동기부여 관리와 운영방법

우선순위 ❾ 손님 응대, 서비스 품질 향상

우선순위 ❿ 기존고객을 다시 찾게 만드는 시책

우선순위 ⓫ 신규고객 모으기

우선순위 ⓬ 고객 1인당 구매액 올리기

경영자의 의식 바꾸기

가게를 변화시키고 싶다면 가장 먼저 경영자의 의식부터 바뀌어야 한다. 경영자의 의식이 바뀌면 직원의 의식이 바뀌고 이것이 손님의 마음으로 전달된다.

잘되는 가게로 바꾸기 위해 돈보다 중요한 것

돈이 없어도 시간을 투자함으로써 개선할 수 있다. '행동하는 시간' 이전에 '생각하는 시간'을 반드시 가져라.

정보는 왜 필요한가?

생각이나 노하우를 얻기 위해 필요한 시간, 경비를 절약할 수 있기 때문. 정보란 결국 필요 시간, 필요 경비를 단축해 주는 강력한 도구다.

정보의 레버리지 효과를 높이는 비결

① 목적을 명확하게 하고 정보를 받아들인다. ② 계속해서 실행한다.

경영자가 고민해야 할 궁극적인 2가지

① 손님을 모으는 방법　　　　　② 조직 만들기

적자 가게를
돈 안 들이고
흑자로 바꾸는 방법

3

고객의 니즈는 정말로 중요할까?

이 장부터는 잘되는 가게를 만들기 위한 실질적인 계획을 세워보겠습니다. 물론 '돈을 그다지 들이지 않는 것'이 포인트겠지요. 가능한 한 저비용으로, 혹은 돈 한 푼 들이지 않고 자신의 가게를 탈바꿈시키는 게 모두의 바람일 것입니다.

그래도 정말로 '돈 한 푼 들이지 않고' 가게를 바꿀 수 있을까요? 물론 가능합니다. 2장에서 말한 것처럼 돈이 아니라, 시간을 제대로 사용하면 가게는 얼마든지 거듭날 수 있습니다. 이를 위해서는, 앞에서 누누이 강조한 것처럼 진심으로 가게의 부활을 바라고, 이 책에서 많은 정보를 얻어 실제로 행동에 옮기는 것이 무엇보다 중요합니다. 그러면, 구체적인 노하우를 소개하겠습니다. 적은 예산으로 대박가게를 만드는 첫 번째 포인트는 '자기중심적이 되어라!'입니다.

'마켓 인Market In'과 '프로덕트 아웃Product Out'이라는 단어를 알고 있습니까? 마케팅을 조금이라도 공부한 사람이라면 알겠지만, 가게 경영자에게도 매우 중요하니 꼭 기억하기 바랍니다. 간단하게 말하면, '마켓 인'은 시장의 니즈, 즉 손님이 필요로 하는 상품과 서비스가 무엇인지 조사해서 그 상품과 서비스를 제공하는 방법을 뜻합니다.

반대로 '프로덕트 아웃'은 시장의 니즈가 아니라 생산자, 즉 만드는 사람의 형편과 생각에 따라 상품과 서비스를 제공하는 것을 말합니다. 그래서 그 상품과 서비스를 필요로 하는 고객에게만 판매하는 것이지요.

주택가 어느 구석에 가게를 열었다고 가정해 봅시다. 당신은 라면에 자신이 있지만, 근처 아주머니와 노인들에게 물어보니 90퍼센트 이상이 라면이 아니라 맛있는 오므라이스를 먹고 싶다는 반응이 나왔습니다.

'이 동네 사람들은 라면보다 오므라이스를 좋아하는 걸까?'

당신이라면 이 같은 반응에 무엇을 생각하고 어떻게 행동하겠습니까?

마켓 인의 경우

'그래, 라면보다 오므라이스 장사를 하는 게 돈이 되겠군.'

당신은 라면 가게를 하겠다는 생각을 접고 오므라이스 가게를 차릴 것입니다.

프로덕트 아웃의 경우

'여기 사람들은 진짜 맛있는 라면을 한번도 먹어보지 못했나? 진짜 맛있는 라면이 무엇인지 보여 주자!'

당신은 라면의 수요가 적지만, 자신 있는 라면으로 승부를 내기로 하고 가게를 차립니다.

→ 어느 쪽이 맞고 어느 쪽이 틀린 걸까요?

마켓 인은 강자의 전략

앞의 질문에 대답은 당신의 상황에 따라 분명하게 갈립니다. 규모가 아주 큰 식당을 생각하고 있고 자금이 충분한 경영자라면 제1안인 마켓 인을 선택해야 합니다. 즉, 오므라이스 식당을 차려야 합니다. 왜냐하면, 지역민의 90퍼센트나 되는 소비자를 상대할 수 있는 큰 식당, 종업원 수, 상권 내의 모든 고객에게 알릴 수 있을 정도의 광고 예산, 게다가 근처의 경쟁 식당에 뒤지지 않을 판촉 예산이 당신에게는 있기 때문입니다. 이런 경우는 프로덕트 아웃보다도 마켓 인이 시장 점유를 좌지우지할 수 있기 때문에 정답이 되는 것입니다. 더군다나 같은 음식을 팔고 있는 근처의 작은 경쟁 식당을 무너뜨리는 것도 간단합니다.

그러면, 자금이 풍부하지 않은 작은 가게라면 무엇이 좋을까요? 바로 프로덕트 아웃입니다. 이때는 당신의 라면이 맛있다는 걸 지역민에게 알리는 것이야말로 성공의 관건이 됩니다.

원래 마켓 인 전략은 돈이 충분하지 않으면 쓸 수 없습니다. 그 이유는 세 가지입니다.

첫째, 작은 가게가 시장의 90퍼센트에 진입하는 것은 불가능합니다. 왜냐하면, 시장의 니즈 즉, 수요가 있는 곳에는 반드시 공급원이 모여 있습니다. 공급원이 모여 있다면, 결국 그중에서 자본력이 있는 가게에 고객이 모이게 됩니다. 압도적인 판매력, 압도적인 광고에 의해 당신의 가게가 설 자리는 차츰 줄어듭니다. 정말 차별화된 그 무엇이 있지 않은 이상은 모든 고객을 흡수하는 것은 불가능합니다.

둘째, 시장조사를 해서 고객의 니즈를 알고 그 니즈에 맞게 상품·서비스를 개발하는 과정에는 생각보다 큰돈이 듭니다. 게다가 라면에 자신이 있는데도 불구하고, 처음부터 다시 오므라이스 요리를 만들기 위해 시간과 돈을 들여 노력한다고 해서 고객의 입맛에 딱 맞는 오므라이스를 개발한다는 보장도 없습니다.

셋째, 애당초 작은 가게가 그나마 고객의 니즈를 살폈다고 해도, 제대로 시장조사가 되었는지도 의문입니다. 앞서 말한 것처럼 마케팅 조사에는 큰돈이 들어갑니다. 앙케트 조사부터 타깃이 되는 고객층을 모아서 하는 상품 품평회, 모니터 조사와 미스터리 쇼퍼(조사원이 고객인 척해서 가게를 조사하는 시장조사 기법) 등등 시장조사에는 여러 수단들이 있습니다. 큰 기업들은 적지 않은 비용을 들여 이 같은 시장조사를 통해 진짜 니즈가 무엇인지 철저하게 조사한 다음 시장에 뛰어듭니다. 그런 마케팅 전략을 구사하는 대기업을, 당신이 마켓 인이라는 방법을 선택해서 이길 리는 만무합니다.

마켓 인이 작은 가게에 적합하지 않은 이유

① 고객을 독점하는 것이 불가능
수요가 있는 곳에 공급원도 모여 있기 마련. 자본력이 없는 가게는 자본력이 충분한 가게를 당할 수가 없다.

② 시장조사에 막대한 예산이 필요
제대로 된 시장조사에는 돈과 시간의 투자가 필요하지만, 그에 걸맞은 효과가 보장되지도 않는다.

③ 대기업과 정면충돌하는 것은 무모한 경쟁

①②를 봐도 알 수 있듯이, 자본력이 있는 대기업과 마케팅으로 정면승부해서는 작은 가게가 버틸 수 없다.

결 론

마켓 인은 대기업 같은 강자의 전략

작은 가게는 '프로덕트 아웃'을 노려라!

작은 가게는 자신감으로 밀어붙여라

'손님이 원하는 것은 뭐든지!'라는 말이 번영하는 가게가 되기 위한 슬로건이었던 시기가 있었지만, 엄밀히 말해 고객의 수요에 대응해서 잘 나가는 가게는 편의점과 대기업 체인뿐입니다.

규모가 작으면서도 돈벌이가 되는 가게는 반드시 '프로덕트 아웃' 전략을 쓰고 있습니다. 비록 시장의 9할이 외면하더라도 나머지 1할의 소수파의 지지에 의해 유지되는 가게, 게다가 그 1할로부터 열광적인 반응이 있고 고객이 열렬한 신자가 되어 주는 가게. 이것이야말로 작은 가게의 성공 모델입니다.

　가게의 수익이 점점 떨어지는 상황에 처하면, 경영자는 대개 '손님들에게 좀 더 맞춰야지. 손님들이 뭘 생각하고 무엇을 원하는지부터 알아야 돼.' 흔히들 이렇게 생각함으로써 더욱더 상황을 나쁘게 만듭니다. **돈이 벌리지 않을 때일수록 철저하게 '프로덕트 아웃'입니다. 다시 말해, 철저한 '자기중심적인 경영'을 마음에 각인해야 합니다.**

　작은 가게의 사장은 자신의 의지를 믿고, 자신을 고객들에게 밀어붙여야 합니다. '손님이 어떻게 생각할까, 무엇을 원할까'에만 정신이 팔려 있으면, 당신이 진짜 자신 있는 분야, 가게의 특징과 장점 그리고 무엇보다도 마음 깊숙한 곳에서부터 진정으로 손님에게 팔고 싶은 상품, 서비스도 차츰 사라지게 됩니다.

　돈을 벌지 못하는 가게는 새로운 것을 생각하기보다, 다시 한 번 자기 가게의 상품과 서비스를 되돌아봐야 합니다. 자신의 상품과 서비스를 더욱 소중히 여기고 한편으로 '내 마음을 몰라주는 손님은 오지 않아도 좋다!'라는 각오로 경영 개선에 몰입해야 합니다. 이를 위해 먼저, 자신감을 갖고 행동으로 옮기기 전에 내 가게를 객관적으로 분석하는 방법을 알려드리겠습니다.

손님보다도 먼저 자신의 가게에 대해 알자

　시장의 요구를 따라가기만 하는 경영은 바람직하지 않은데, 그 대신에 꼭 알아둬야 할 정보가 있습니다. 이것은 고객의 정보보다도 중요합니다. 무엇일까요? 그것은 바로 당신의 가게와 당신 자신입니다. 당연하다고 여길지도 모릅니다. 하지만 사람은 의외로 자신의 일에 대해서 잘 모르는 경우가 많습니다. 가게를 바꿔야 된다는 마음만 앞서있지, 경영수치나 광고, 판촉물의 효과 측정, 직원들의 생각 등을 모르는 사장이 정말 많습니다. 한탄만 해서는 문제가 해결되지 않습니다. 경영 상태의 파악은 '무엇 때문에 매출이 떨어지고 있는가?', '해결 수단은 무엇인가'를 찾는 것으로 이어질 수 있습니다. 이런 파악 없이 다짜고짜 경영 개선책을 써봤자 효과는 없습니다. 각각의 가게가 처해 있는 입지조건, 업종의 차이 등에 따라 과제도 해결책도 전혀 다릅니다. 시행착오를 통해 내 가게만의 성공법칙을 찾아야 합니다.

　먼저 과제가 무엇인지 가설을 세운 다음에 해결책을 강구해야 합니다. 그리고 검증을 통해 다시 개선합니다. 이것이 바로 경영 개선의 황금 사이클입니다. 저 같은 컨설턴트가 침이 마르도록 말하는 경영 개선의 황금 사이클을 가능한 한 빠르게 회전시키는 것이 중요합니다. 우선은 지금까지의 경영 상태, 과제를 검증하는 것부터 시작하기 바랍니다.

경영 개선의 황금(PDCA) 사이클

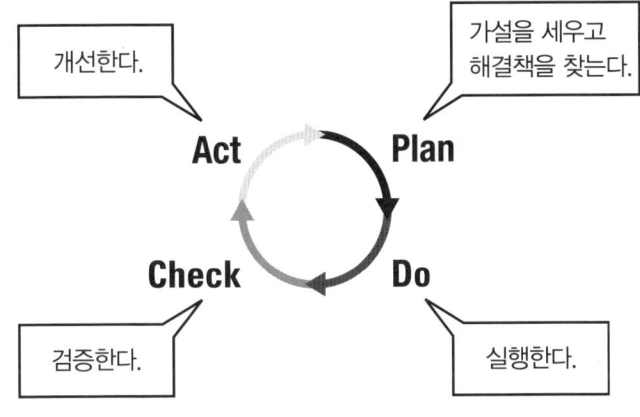

가게의 경영 상태를 단번에 파악할 수 있는 6가지 질문

나 자신과 내 가게를 객관적으로 바라보기 위해서는 우선 스스로에 대한 질문을 생각하는 것에서부터 시작해야 합니다. 잘 기억해 두세요. 사고는 질문에서 시작됩니다.

사고가 변하면 행동이 바뀌고, 행동이 바뀌면 결과가 바뀝니다. 예컨대, 지금 가게가 적자라면 적자라고 하는 결과를 만들어내는 행동부터 바꿔야 합니다. 또한 행동을 바꾸기 위해서는 먼저 자신의 생각을 바꿔야 합니다. 생각을 바꾸기 위해서는 효과적인 질문이 필요합니다.

저는 컨설턴트이기 때문에 고객인 경영자에게 항상 질문을 던집니다. 그중에서 누구나 사용할 수 있고 자신의 가게의 경영 상태와 과제를 알 수 있는 간단한 질문을 소개하겠습니다. 간단하지만 효과는 정말 뛰어납니다. 이 질문을 '가게의 경영 상태를 단번에 파악할 수 있는 6가지 질문'이라고 하겠습니다. 이 마법의 6가지 질문은 한 차례 사용하고 말 것이 아니라, 향후 계속해서 사용해야 하니 꼭 기억하기 바랍니다.

가게의 경영 상태를 단번에 파악할 수 있는 6가지 질문

① **가게의 현 상황을 알려주세요** : 매출, 영업이익, 손익분기점, 신규고객수, 단골고객수, 고객 1인당 구매액, 문제점, 종업원 상황 등

② **당신의 목표를 알려주세요** : 어떤 가게를 만들고 싶은가, 왜 이 가게를 만들려고 생각했는가, 매출 목표, 전년대비 수익 등

③ **이 같은 목표를 설정한 이유를 알려주세요** : 목표 설정의 이유, 그 타당성 등

④ **목표 달성을 위한 시책에 대해 알려주세요** : 과거, 현재는 물론 앞으로 시도하려는 시책까지. 판촉, 고객서비스, 캠페인, 서비스 카드, 선물, 직원 연수, 컨설팅 의뢰 등

⑤ **예전에 행했던 시책의 만족도를 알려주세요** : 경영자의 만족도 + 수치를 통한 명확한 판단

⑥ **지금까지의 대답 중에 깜빡하고 답하지 못한 것은 없습니까?** : 다시 한 번 마법의 6가지 질문을 확인하고 빠뜨린 것은 없는지 체크

이상입니다. 자신이 알고 있는 범위 내에서 가볍게 답하면 됩니다. 대답할 때에는 가급적 종이에 적고 머릿속으로 한 번 더 정리하기 바랍니다. 사람은 종이에 적음으로써 이어지는 정보를 머릿속에 담아둘 수 있습니다. 반대로 적지 않고 속으로 생각만 해서는 좀처럼 생각을 발전시킬 수 없습니다. 종이에 적어가며 내 가게의 경영 상태를 한 번 더 정리하기 바랍니다.

마법의 6가지 질문의 대답 예

① 가게의 현 상황을 알려주세요

신규고객 : 40~50명(쿠폰북 효과), 매년 매출하강 조짐

우연히 들르는 고객 : 거의 없음

고객 1인당 구매액 : 7,800~8,000엔, 고객수 : 약 375명, 실객 비율 : 15%

방문주기 : 50~60일

② 당신의 목표를 알려주세요

가게의 성장과 손님의 만족이 일치하는 가게, 서로가 기뻐할 수 있는 가게 만들기. 올해 중에는 본점에서 월 400만 엔의 매출을 목표. 내년의 분점 개설을 위해 재정을 긴축하고 자금계획, 분점의 시장조사 등에 대해 올해 중에 계획을 세운다.

내년 4월에 분점을 낼 계획(고객층은 40~60대, 교외형 매장). 현재의 가게와 함께 모든 연령층을 흡수할 수 있는 가게로 키운다. 광고에 의존하지 않고 입소문을 중심으로 신규고객을 확보한다.

③ 이 같은 목표를 설정한 이유를 알려주세요

향후 5년 정도는 현 상태를 유지한 다음 분점을 몇 군데에 낸다. 창업할 때의 마음가짐으로 다시 한번 꿈을 이루기 위해 노력한다. 비전이 있는 경영, 직원들에게 경영을 맡기기 위해 점장, 직원 교육을 하는 등 제대로 된 조직을 만들고 싶다.
하와이에도 분점을 내서 은퇴 후에 이주하고 싶다. 가게를 처음 낼 때의 매출을 회복하면 목표는 반드시 달성할 수 있다!

④ 목표 달성을 위한 시책에 대해 알려주세요

신규고객 확보는 쿠폰북에 전적으로 의지하고 있다. 직원 교육이 고민이다. 창업초기 멤버는 비록 돈이 없었어도 희망은 있어서 정말 열심히 일했다. 그 후 직원들이 계속 바뀌면서 의사소통이 잘 안 되고 직원들이 빠져나갈 때마다 매출이 불안정해지는 시기가 이어졌다.

⑤ 예전에 행했던 시책의 만족도를 알려주세요

쿠폰북이 아닌 다른 방법, 입소문으로 늘리고 싶다. 전체적으로는 만족도 50점 정도

⑥ 지금까지의 대답 중에 깜빡하고 답하지 못한 것은 없습니까?

점이나 기도보다 '신념'이 중요

　마법의 6가지 질문을 통해 가게를 분석하는 방법을 설명했습니다만, 그중에서 특히 강조해서 확인하는 질문이 있습니다. 바로 '당신의 목표를 알려주세요'입니다. 처음 독립해 가게를 열 때의 마음가짐을 떠올리게 하려는 의도에서입니다.

　창업 당시는 꿈과 자신감이 넘쳐흘렀을 것입니다. 하지만 1년이 지나고 3년이 지나고 5년이 지나면서 개업 때의 열정은 빛이 바랩니다. 마치 열정이 철철 넘치는 선생님이 현실과 타협해 의욕을 잃고 무사안일주의 교사가 되는 것처럼 말입니다. 슬픈 현실이지만, 아무리 뜨거웠던 열정도 시간과 함께 식고야 맙니다. 그래서 물어보는 것입니다. 경영자인 당신은 왜 이 가게를 차린 것인지? 창업 때 생각은? 그 당시의 어려움은? 이것을 상기시키는 이유는, 실은 경영자 자신의 무기가 무엇인지 확인시켜 주기 위해서입니다. 당신의 무기, 그것은 당신만이 갖고 있는 경영신념입니다. 개업 당시에 가지고 있던 당신의 원대한 목표! 이것은 그 자체로 당신의 경영신념입니다. 가게와 당신 자신의 존재 목적인 것입니다.

　이것이 왜 무기가 되는지는 나중에 다시 설명하도록 하고 먼저 경영신념이라는 것의 본질에 대해 살펴보겠습니다. 대기업일수록 경영신념을 명확하게 정립합니다. 만드는 데 그치는 게 아니라, 회사의 목적을 직원들뿐만 아니라 고객에게까지 널리 퍼뜨립니다. 대기업에게 있어서 경영신념이란, 기업의 목적, 그 회사에서 일하는 이유 그리고 고객에 대한 가치를 명확하게 전달하는 수단이라고 할 수 있습니다.

　그렇다면 가게의 경영신념이란 도대체 어떤 것일까요? 컨설턴트로 활동하기 시작한 지 얼마 되지 않았을 때입니다. 제 고객에게 '경영신념을 만드는 것이 중요합니다!'라고 힘주어 말하자 그 고객은 다음과 같이 되물었습니다.

"경영신념? 그런 걸 만들어야 가게가 잘된다는 건 말도 안 됩니다!"

경영신념이 있어야 가게가 잘 된다는 사실을 알고 있다면, 경영신념을 만들지 않을 사장님은 없겠지요. 거의 대다수의 사장님들이 경영신념 만들기가 왜 그토록 중요한지 깨닫지 못하고 있습니다. 그렇기 때문에 경영신념이 가지는 위력도 모릅니다. 점을 보거나 기도를 하기보다는 먼저 경영신념을 만들기 바랍니다. 잘되는 가게를 만들기 위한 노하우의 우선순위 세 번째로, 제가 왜 '경영신념의 확립'을 말할까요? 곰곰이 생각해 보기 바랍니다.

경영신념은 곧 가게의 헌법

가게에서 경영신념은 가게의 존재이유입니다. 당신의 가게가 이 세상에 필요한 이유, 그 이유가 없다면 사실 가게를 꾸려갈 필요도 없습니다. 가게가 존재하는 이유, 이는 곧 경영자의 목적과도 같습니다.

경영자인 나를 위해서, 직원을 위해서, 고객을 위해서, 지역사회를 위해서, 그리고 세상을 위해서 가게가 제공하는 가치는 무엇일까요? 여기서도 '프로덕트 아웃'이라는 개념이 중요합니다. **세상이 무엇을 요구하는지가 아니라, 당신이 제공하고 싶은 가치를 분명히 해야 합니다.**

가게의 경영신념은 곧 '가게의 헌법'입니다. 이 헌법을 기반으로 모든 직원들이 일합니다. 매뉴얼 만들기, 고객접대, 상품과 서비스 등에서 이 헌법에 맞지 않는 것은 모두 폐기해야 합니다. 반대로 이 신념에 맞는 것은 전부 채용해야 합니다. 경영자인 당신도 이 헌법에 기초해 경영판단을 해나갈 필요가 있습니다.

경영자도 사람입니다. 때로는 잘못된 결정도 내리겠지요. 하지만 경영신념이 없는 가게에서는, 잘못된 판단이라고 하더라도 경영자의 의견이 절대적입니다. 사장 앞에서 "그렇게 하시면 안 됩니다!"라고 대놓고 말하는 직원이 거의 없습니다. 왜냐하면 직원이 아무리 가게를 개선하고 싶어도 그 의견이 옳은가 그른가는 직원 자신도 판단하기 어렵기 때문입니다.

가게의 헌법, 즉 경영신념이 있는 가게라면 어떨까요? 경영자가 틀린 판단, 행동을 하는 경우에 직원은 경영신념을 근거로 경영자에게 반대의견을 낼 수가 있습니다. 직원 개인의 가치관이 아니라 경영자가 스스로 만든 신념에 근거해서 경영의 문제점을 말할 수 있어야 합니다. 이처럼 경영신념은 가게 내의 소통을 위한 도구가 됩니다. 그러면 경영신념을 만드는 법을 구체적으로 소개하겠습니다.

1시간 만에 끝내는 경영신념 만들기

1시간 만에 만든다고 하면 "그렇게 간단해?"라고 반문할지도 모르겠지만, 경영신념는 시간의 문제가 아닙니다. 시간을 많이 들인다고 해서 좋은 경영신념가 나오지는 않습니다. 여기에서는 단 1시간 만에 훌륭한 경영신념를 만드는 효과적인 방법을 알려드리겠습니다. 85~86쪽의 도표를 참고해 직접 만들어보기 바랍니다. 어디까지나 프로덕트 아웃, 자신감을 갖고 내가 중심이 되어야 한다는 사실을 잊지 마십시오.

1시간 만에 경영신념을 만드는 방법

① 먼저 85쪽의 8가지 질문에 답하면서 창업 당시의 마음가짐을 떠올린다.
② 85쪽의 49가지 키워드를 참고로 가게의 경영신념을 생각한다.
③ 86쪽의 기존 경영신념를 참고로 내 가게의 경영신념을 생각한다.
(②, ③은 참조만 하고 나 자신의 말투로 만들어도 좋습니다.)

어떻습니까? 당신 가게의 오리지널 경영신념을 만들었습니까? 처음부터 완벽하게 해나갈 수는 없습니다. 경영을 해나가면서 개선할 필요가 있을 것입니다. 지금 당장은 완벽하지 않더라도 즐거운 마음으로 경영신념을 만들면 됩니다. 그리고 굳이 예쁘게 꾸미지 않더라도 인쇄하여 직원뿐만이 아니라 손님에게도 잘 보이는 곳에 걸어 두세요. 이것이 당신과 당신 가게의 비전, 즉 헌법입니다. 가훈처럼 붓글씨로 쓰는 것도 좋을 것입니다.

그런데 단순히 경영신념을 만들어 가게에 걸어 두는 것만으로는 별다른 효과를 기대하기 어렵습니다. 소통의 도구로 삼기 위해서는 직원들에게 분명하게 인식시킬 필요가 있습니다. 경영신념이 왜 중요한지부터 설명해 주세요.

그리고 또 하나, 자신만의 경영신념을 완성한 것이 어찌하여 최대의 무기가 될 수 있을까요?

경영신념을 만드는 8가지 질문과 키워드

창업 초기를 떠올리게 하는 8가지 질문
① 창업 당시의 생각과 목적을 떠올려 보세요.
② 자신이 경영자인 이유와 목적을 생각하기 바랍니다.
③ 고객에게 어떤 가치를 제공하고 싶습니까?
④ 직원들에게 어떤 가치를 제공하고 싶습니까?
⑤ 직원들에게 어떤 사장이기를 바랍니까?
⑥ 지역사회에 제공하고 싶은 가치는 무엇입니까?
⑦ 세상에 전하고 싶은 당신 자신만의 가치는 무엇입니까?
⑧ 이것들을 이루기 위해 무엇을 실천해야 합니까?

경영신념에 들어가면 좋을 키워드
사랑, 위로, 도움, 배려, 감사, 완전, 희망, 근면, 겸허, 헌신, 건전, 향상심, 공평, 최선, 정직, 순수, 순종, 실천, 신앙, 친절, 영양, 진실, 신중, 진리, 신용, 신뢰, 정의, 성장, 성실, 책임감, 양심, 공경, 충실, 도덕, 노력, 인내, 열심, 평안, 평온, 평화, 봉사, 자랑,

진면목, 약속, 안락, 용기, 기쁨, 예의, 자아실현 등등

경영신념의 예

- 인생관을 즐겁게!
- 손님의 웃는 얼굴을 위하여
- 평생의 아름다움을 만든다는 마음가짐으로

- 이곳을 찾는 모든 이들의 행복을 추구하며 가게를 발전시킴으로써 지역사회에 공헌하는 조직, 사회에 도움을 주는 인재양성을 지향합니다.

- 친절한 마음 – 눈앞에 있는 모든 것에 대해 항상 친절한 마음으로, 자연을 닮은 가게를 만들 것을 약속합니다.
- '고맙습니다'를 쌓아올려 모두가 행복해지는 세상을 만들자.

- 음식 차림은 먹고 싶은 마음이 들도록
- 신선도 관리는 맛과 영양의 기본
- 청결은 생명, 청소는 구석구석까지
- 프렌들리 서비스 – 언제나 웃는 얼굴로 사랑받는 가게 만들기

- 사람과 환경을 생각하는 가게. 우리는 지역사회의 파트너로서 모두에게 행복을 전하고자 노력합니다.

- 항상 활기차고 웃음이 끊이지 않으며 모두에게 행복을 주는 가게

손님의 행렬과 상품, 서비스는 관계없다?

　집 근처에 유명한 연예인이 사장으로 있는 고깃집이 있습니다. 오후 5시에 문을 여는 이 가게는 2시간 전부터 줄이 늘어서 있습니다. 역에서 도보로 10분, 그렇게 좋은 위치라고 할 수는 없지만, 가게 문을 열 때 줄이 늘어서 있지 않은 날은 최근 1년 내에는 없었다고 합니다. 멀리서 오사카를 찾는 관광객도 이 가게를 들릴 요량으로 근처에 온다고 합니다.

　그런데 이 집의 고기가 다른 가게에 비해서 특별히 맛있는 것은 아닙니다.(물론 맛이 아주 없지도 않습니다) 사실 2시간이나 줄을 서서 먹어야 할 정도인가 하는 의문이 들기도 합니다. 건너편에도 고깃집이 있는데, 어쩌면 그 집이 더 맛있을지도 모릅니다. 어찌됐든 현실은, 한쪽은 대박이고 한쪽은 파리만 날립니다. 왜 그럴까요?

　잠시 다른 이야기를 하겠습니다. 저는 니가타 산 일본주를 좋아합니다. 단순한 취미 이상이어서 니가타의 유명 양조장에 가려고 일부러 일을 만들어 취재한 적도 있습니다. 일본주의 명산지인 니가타에는 겉보기에는 여느 술집과 별다르지 않는 가게가 한 군데 있습니다. 니가타 현에는 양조장이 여럿 있고 술집도 헤아릴 수 없을 만큼 많습니다. 최근에 젊은 이들이 일본주를 외면하게 되면서부터 일본주를 만드는 양조장 수가 급격하게 줄어들고 있습니다. 그래도 이 술집은 지방 특산품인 일본주를 불티나게 팔고 있습니다.

　그런데 이 술집에서만 살 수 있는 술은, 사장이 양조장에 직접 제조를 부탁한 오리지널 일본주 한 종류밖에는 없습니다. 매출의 대부분을 차지하고 있는 것은 일반 술입니다. 왜 이 술집만 이토록 장사가 잘되는 걸까요?

재미있는 것은 여기 사장의 캐릭터입니다. 이 사장은 평소 자신이 멋대로 기획해서 주최하는 주말 가요제의 리허설을 하거나, 글씨 쓰기를 좋아해 손님들에게 한마디씩 색종이에 적어주거나 하는 등 대부분 본업과 관계없는 일을 하고 있습니다.(이렇게 말한다면 화를 낼지도 모르겠습니다.) 하지만 이 근처에서 여기 사장을 모르는 사람이 없습니다. 동네 사람들에게 인기가 있는 술집 주인을 찾아 전국에서 몰려드는 것이지요. 도대체, 이 가게에는 무슨 일이 있는 걸까요?

손님이 줄을 서게 만드는 입소문의 위력

이 의문을 풀기 전에 먼저 확인해 두고 싶은 게 있습니다. 거리를 나가보면 정말 많은 상품과 서비스 그리고 이것들을 파는 갖가지 가게가 있습니다. 똑같은 상품을 팔고 있는 가게가 넘치고, 제공하는 상품이나 서비스도 대개 엇비슷합니다. 가령 다른 곳에는 없는 상품, 서비스 개발에 성공해 다른 가게와의 차별화에 성공했다고 하더라도, 돈을 벌었다는 소문이 퍼지면 금방 다른 가게에서도 따라합니다.

손님들 또한 마찬가지입니다. 그 많은 가게 중에서 내가 만족할 가게를 찾아내야 합니다. 인터넷이라는 인프라가 발달하면서 정보가 더욱더 늘어난 환경에서는 자신이 찾고 있는 가치를 제공하는 가게를 손님 스스로 선택할 수 있습니다. 손님이 가게를 선택하는 상황에서 가장 중요한 정보는 무엇일까요? 그렇습니다. 지인, 친구, 가족의 소개입니다. 말하자면 입소문, 이 입소문의 바람을 불러일으키는 것이 잘되는 가게로 가는 지름길입니다.

입소문이 발생하는 첫 번째 조건은 아마 들어본 적이 있을 것입니다. 가게의 브랜드, **이 브랜드를 확실하게 구축한 가게는 반드시 입소문이 뒤따릅니다.** 앞에서 소개한 두 가게는 모두 강렬한 브랜드를 만들어 입소문을 포함한 평판을 얻어냈던 것입니다. 흔히 입소문이라고 하면 저절로 생기는 것으로 여기는 경우가 많습니다. 하지만, 사실 이 입소문이라는 바람은 의도적으로 불게 할 수도 있습니다. 입소문을 퍼뜨리기 위한 브랜드, 다음 항목에서는 이것을 만드는 법에 대해 알아보겠습니다.

브랜드는 신뢰의 상징

브랜드라고 하면 가방이나 옷을 떠올리는 사람도 있겠네요. 브랜드는 원래 '인두로 지지는 것'을 의미하는 고대 노르웨이의 'brander'라는 말에서 파생했다고 합니다. 방목하고 있는 가축에 자신의 소유물임을 밝히기 위해 낙인을 찍은 것이 기원입니다. 이 말에서 파생하여 '식별하기 위한 표시'라는 의미를 가지게 된 것입니다. 그런데 오늘날에는 이 '브랜드'가 상품이나 서비스의 품질을 보증하는, 말하자면 '신뢰'라는 선택 기준을 고객에게 전달하는 수단이 되었습니다.

브랜드가 있는 상품이나 서비스는 오랜 역사와 장인의 정성이 깃들어 있습니다. 물건도 튼튼해서 안심하고 구입할 수 있다는 상품 가치를 소비자에게 전달하는 데에는 어려움이 따릅니다. '브랜드'라는 것은 무형의 이미지에 신뢰의 바탕이 되는 모든 요소를 넣은 것으로, 소비자의 선택 기준이 되는 것입니다. 좀 더 간단하게 말하면 이렇습니다.

예를 들어, 디자인과 가격이 똑같은 가방이 두 개 있습니다. 하나는 아무 마크도 없고 다른 하나에는 'LV'라는 글자가 새겨져 있습니다. 당신이라면 어떤 가방을 선택할까요? 아마 글자가 새겨진 가방을 고를 것입니다. 그런데 이처럼 LV 가방을 선택하는 것은 왜일까요?

원래 브랜드는 신뢰를 상징하는 이미지가 있다고 앞에서 말했습니다. 그런데 외국에 비해 일본은 브랜드에 대한 인식이 조금 다릅니다. 일본이나 한국 같은 나라에서는 '브랜드는 곧 사회적 지위'라고 하는 이미지가 있습니다. 이것은 브랜드를 좋아하게끔 하는 제조업체의 판매전략 때문이기도 합니다. 일본은 세계에서도 보기 드문 브랜드 대국이지만, 브랜드 본래의 의미를 설명할 수 있는 사람은 유감스럽게도 매우 적습니다. LV 가방이 곧 사회적 지위를 나타낸다는 것을, 많은 사람들이 미디어와 광고, 입소문을 통해 인식하게 됩니다. 그리고는 고민할 필요도 없이 선택하는 것이지요.

그렇다면 브랜드는 어떻게 만들 수 있을까요? 브랜드만 있다면 저절로 입소문이 퍼질 것입니다. 손님들이 알아서 사람들에게 소문낼 것이니까요. 사람들의 입에서 입으로 소문이 퍼져나가면, 손님들로서는 선택에 필요한 노력과 시간을 줄일 수 있어 기꺼이 그 가게를 찾습니다.

이렇게 되면 당신의 가게에서 물건을 사는 것이 사회적 지위를 나타내는 날이 올 수도 있습니다.

　이처럼 가게의 브랜드가 만들어지면 손님은 저절로 늘어납니다. 그러나 브랜드 구축은 말처럼 그렇게 손쉬운 일은 아닙니다. 잘되고 안되고는 브랜드 만들기를 얼마나 착실히 해나갈 수 있는지에 달렸습니다. 가게의 브랜드를 만들기 위해서는 앞에서 만든 경영신념과 다음에 설명할 세 가지 요소가 매우 중요합니다. 가게 브랜드 만들기만 제대로 알아도 잘되는 가게를 위한 첫 번째 관문은 통과한 것이나 다름없습니다.

가게 경영의 핵심은 사람, 상품, 스토리

브랜드는 도대체 어떤 조건이 갖춰져야 가능한 것일까요? 그 힌트는 친구나 가족에게 소개받을 때의 대화 속에 있습니다. 당신도 이 같은 방식으로 누군가에게 가게를 소개받은 적이 있을 것입니다. 아래 대화는, 지금은 단골이 된 가게를 처음 친구에게 소개받을 때의 상황입니다.

후지다 오늘은 어디서 먹을까?

친 구 음, 이탈리아 요리는 어때?

후지다 좋아. 그런데 어디 괜찮은 데 있어?

친 구 진짜 맛있는 집이 있어. 거기 주방장이 나폴리에서 일본인으로는 처음으로 레스토랑 허가를 딴 사람이래.

후지다 그래? 나폴리에서는 레스토랑을 하려면 허가까지 있어야 되는 거구나.

친 구 응. 항구 근처에 있는데, 재료도 직접 이탈리아에서 가져오나봐. 식재료가 그 가게의 자랑이라서 백화점 같은 데서도 팔고 있대.

후지다 대단하네. 나폴리에서 최초로 인정받은 일본인 요리사에, 본고장의 재료로 만든 요리라면 말할 것도 없네!

친 구 별로 비싸지도 않은가봐. 오늘 한번 제대로 먹어 보자!

위의 대화는 실제로 있는 어느 식당에 대한 이야기입니다. 누구나 한 번쯤 가보고 싶을 것입니다. 만약 당신이 이 레스토랑을 알고 있다면 주위 사람들에게도 권할 것입니다. 이런 가게를 알고 있다는 사실을 자랑하고 싶어질 것이니까요. 이 레스토랑의 이야기에서 알 수 있듯이 잘되는 가게의 브랜드 구성요소는 세 가지입니다.

사람

상품과 서비스

스토리

이것이 가게 브랜드를 구성하는 세 가지 요소입니다. 위의 예에서 찾아볼까요?

> **사람 :** 나폴리에서 레스토랑 허가를 받은 최초의 일본인
>
> **상품과 서비스 :** 나폴리 현지에서 직접 들여온 식재료
>
> **스토리 :** (사람과 상품, 이 두 가지가 그대로 스토리가 되고 있다) + 레스토랑의 식재료를 백화점에서도 취급하고 있다.

이해가 되나요? 입소문이 퍼지는 가게 브랜드는 사람, 물건, 돈이 아니라 사람, 상품과 서비스, 스토리입니다. 앞에서 오사카의 고깃집 이야기를 했습니다. 그 고깃집과 길 건너편의 파리만 날리는 고깃집의 차이는 무엇일까요?

> **사람 :** 식당 주인이 연예인
>
> **상품과 서비스 :** 저렴한 메뉴, 유명인이 직접 짠 메뉴가 재미있다.
>
> **스토리 :** 연예인 일이 잘 풀리지 않아 고민하던 차에 딸 부부를 불쌍히 여긴 장모가 자신이 운영하던 고깃집을 물려줬다고 한다. 연예인 생활도 그만두고 줄곧 고깃집을 할 생각이었는데, 지금은 연예인 생활도 고깃집도 대성공!

그 다음에 소개한 니가타의 술집의 예를 살펴볼까요?

> **사람 :** 근방에서는 유명한 명물. 서예와 노래가 취미. 이따금 TV 인터뷰도 하는 마치 탤런트 같은 주인
> **상품과 서비스 :** 니가타뿐만 아니라 다른 지방의 전통술도 취급하는 일본주 전문점
> **스토리 :** 술집 일은 거의 하지 않고 언제나 자신의 공연 기획에만 몰두하고 있다. 그래도 그 지역 사람들은 주인의 밝은 성격을 좋아해서 주말 공연에는 동네 주민들로 가게가 붐비고 있다. 니가타의 명물 술집

위의 예에서 각각의 가게가 제공하고 있는 상품과 서비스의 내용은 다르지만, 모두가 입소문이 되기에 충분한 브랜드 파워를 갖췄다고 볼 수 있습니다.

가게에 손님이 줄을 서게 만드는 브랜드 구축법

브랜드의 구축은 실제로 어떻게 하면 좋을까요? 여기에는 앞에서 만든 경영신념이 큰 도움이 됩니다. 당신이 만든 경영신념에는 브랜드를 구축하는 요소 세 가지가 모두 포함되어 있으니까요. 차례대로 살펴보겠습니다.

브랜드를 만드는 첫 번째 포인트는, 사람입니다. 사람이라면 누굴까요? 물론 사장입니다. 개중에는 유명해지거나 앞장서기를 싫어하는 수줍음 많은 사장들도 있을 것입니다. 하지만 **돈을 들이지 않고 가게를 탈바꿈시켜야 된다면, 사장 스스로가 홍보의 수단이 되어야 합니다.** 스스로를 드러내기 바랍니다.

잘되는 가게는 모두 사장이 어떤 사람인지, 유리창 너머로 보이듯 훤히 드러납니다. 당신의 인성과 프로필, 자신 있는 분야, 과거의 경험, 이 모든 것을 다 동원하여 당신 자신의 정보를 보여주기 바랍니다. 지금의 가게와 아무런 관계가 없는 사항이라도 좋습니다. 중요한 것은 당신의 장점은 무엇인가 하는 데에 있습니다. 당신의 개성을 전달하는 것입니다. 또 하나 중요한 것은 자신이 어떤 생각으로 경영신념을 만들었는지, 그것을 꼭 전하십시오.

다음으로 중요한 것은 상품과 서비스입니다. 가게에서 취급하고 있는 상품과 서비스에 대한 개인적인 사연을 표현할 수 있어야 합니다. 이것도 물론 프로덕트 아웃에 속합니다. 당신 자신의 이야기라도 좋습니다. 상대가 어떻게 느낄지는 문제 되지 않습니다. 알아줄 사람은 분명히 있습니다. 그것 때문에 손님 발길이 뚝 끊어질 정도로 시장은 좁지 않습니다. 한 가지 요령을 덧붙이자면 앞에서 작성한 경영신념을 밑거름 삼아 전한다면 더욱 효과적일 것입니다.

'이 같은 경영신념과 나. 그래서 이런 장사를 합니다!'

손님에게 이처럼 전할 수 있다면 누구든 고개를 끄덕일 것이고, 기억에도 오래 남습니다.

마지막으로 스토리에 대해 살펴보겠습니다. 사장은 스스로 연출가가 되어야 합니다. 이 가게를 차린 이유는 무엇인가? 어떤 마음가짐으로 가게를 운영하고 있는가? 이처럼 대개의 경우, 가게의 경영신념이 스토리 만들기의 키워드가 됩니다.

경영신념이 만들어진 경위 그리고 과거의 힘들었던 경험, 성공한 요인, 앞으로의 목표, 그것을 달성하기 위해 어떻게 노력할 것인가 등등 경영신념에 관계되는 모든 사항이 당신과 당신 가게의 스토리가 될 수 있습니다.

앞의 내용은 납득이 될 때까지 여유 있게 생각해 보기 바랍니다. 그리고 이렇게 해서 만들어진 브랜드를 친구나 가족에게 먼저 이야기해 보세요. 어떤 반응이 되돌아오는지, 검증을 통해 충분히 가다듬기 바랍니다.

브랜드를 만들려면 먼저 각오가 필요하다

브랜드 구축에 대해 어렵게 여길 수도 있을 것 같아 간단한 예를 하나 소개하겠습니다.

근처에 이렇다 할 그 무엇도 없는데 정말 잘나가는 두부가게가 있습니다. 평범한 슈퍼마켓의 한쪽 모퉁이에 있는 집입니다. 이 두부가게는 왜 그렇게 장사가 잘될까요?

'성실하고 친절하게, 맛있는 두부를 만들자.' 이 같은 경영신조를 갖고 있는 주인은 매일 아침 목욕재계를 통해 몸과 마음을 정갈하게 한 다음에 일을 시작하기로 마음먹었다고 합니다. 그리고 이 사실을 주위 몇몇 사람들에게 이야기한 결과, 두부가게 사장의 이런 '의식'은 한동네 주부들뿐 아니라 인터넷 커뮤니티 사이트에서 화제가 되었습니다. 사장의 정성을 알게 된 손님들은 이웃 동네나 더 멀리에서도 찾아오게 된 것은 말할 나위도 없고요.

브랜드 구축이라고 거창하게 말해도 실상은 이와 같습니다. 정말 간단하지 않나요? 하지만 보는 것과 막상 실천하는 것에는 큰 차이가 있습니다. 매일 아침 물을 끼얹으라는 말이 아니라, 그런 정도의 각오가 필요하다는 뜻입니다. '내게는 별다른 장점이 없어'라고 말하는 사장님도 있을 것입니다. 하지만 없다면 오늘부터라도 만들면 됩니다. 변명은 필요하지 않습니다. 잘되는 가게를 만들기 위해서는 무엇보다 가게의 브랜드 만들기를 빼놓을 수 없습니다. 부디 이 장을 몇 번이고 되풀이해 읽으면서 나만의 브랜드를 꼭 만들기 바랍니다.

그렇게 해서 브랜드가 만들어졌다면 이제 남은 것은 주위 사람들에게 알리는 일입니다. 인터넷 블로그를 활용하는 것도 하나의 방법이 될 수 있습니다.

가게의 브랜드 구축에는 경영자인 사장의 각오와 의지가 절대로 필요합니다. 배수의 진을 친다는 각오로 임하기 바랍니다. 사장의 이런 자세는 종업원들이나 손님에게 전해지기 마련이고 잘되는 가게가 되기 위한 첫걸음은 여기에서 비롯됩니다.

가게를 실패로 이끄는 '삶은 개구리의 법칙'

또 한 가지, 브랜드 구축을 통해 새로운 전기를 마련한 어느 미용실의 예를 들어보겠습니다.

개업한 지 10년, 역에서 가까운 상가 2층에 있는 미용실은 문을 닫아야 할 지경에 처했습니다. 이 가게는 지난 3년 동안 내내 매출이 손익분기점을 밑돌았습니다. 본래 미용업계는 어느 날 갑자기 매출이 뚝 떨어져 운영이 어려워지는 일이 거의 없습니다. 왜냐하면 미용실은 단골 비율이 80~90퍼센트 정도여서 판촉활동의 효과가 떨어져 신규고객 확보가 어려워져도 단골손님의 발길이 갑작스레 끊길 가능성은 낮으니까요. 또 하나의 이유는, 손님 한 명의 미용실 방문 기간이 약 3개월로 비교적 길다는 점입니다. 다시 말해, 가게의 손님접대나 서비스 내용이 나빠지더라도 이 때문에 손님이 줄어 매출이 떨어지기 시작하는 것은 3개월 뒤부터입니다. 이처럼 약 3개월마다 조금씩 손님이 줄면서 매출도 떨어지는 것이 이쪽 업계의 특징입니다.

역으로, 어느 날 갑자기 매출이 눈에 띄게 줄었다면 경영자는 그 즉시 대책을 떠올리게 됩니다. 원인이 명확한 데다가 발등에 불이 떨어졌으니 사장의 의식도 바뀌기 쉽습니다. 그에 비해 매출이 아주 조금씩 떨어진다면 경영자로서는 새로운 방법을 모색할 기회를 갖기가 어렵습니다.

'삶은 개구리의 법칙'이라는 게 있습니다. 개구리를 끓는 물에 던져 넣으면 곧바로 튀어나오지만 따뜻한 물에 넣고 천천히 끓이면 나올 생각을 하지 못하고 마침내는 삶기고야 맙니다.

이 미용실은 마치 삶기기 직전의 개구리와 같은 상태였습니다. 피해가 더 이상 커지지 않을 때 가게 문을 닫든가 배수의 진을 치고 보다 적극적으로 경영 개선에 나설 것인가, 풍전등화와도 같은 처지였던 것이 었습니다. 오히려 이 같은 상황이었기 때문에 미용실 사장은 비로소 결심을 내렸을지도 모릅니다. 저는 사장의 눈빛에서 미용실을 살릴 수만 있다면 뭐든 하겠다는 각오를 읽을 수 있었습니다.

케이스 스터디 ❶
잘되는 가게의 힌트는
마법의 6가지 질문 안에 있다

앞에서 예로 든 미용실이 어떻게 해서 변할 수 있었을까, 그것을 설명하기 전에 당시의 상황부터 잠깐 살펴보겠습니다.

> 미용실 사장은 41세였습니다. 젊은 미용사들은 이 가게에서는 자신의 발전을 기대하기 어려워 새로 뽑아도 금세 그만두곤 했습니다. 결국 남은 사람은 30대 직원이 두 명에 20대 보조 미용사 한 명뿐이었습니다. 생활정보지에 매달 광고도 냈지만 신규고객 수는 날마다 줄어들기만 했습니다. 하지만, 사장은 본인도 헤어디자이너 출신이어서 솜씨가 좋아 손님들 마음에만 들면 괜찮을 거라 여겼습니다. 그럼에도 불구하고 매출은 더욱더 떨어져 갔습니다. 매출을 올리고 싶어도 마땅한 방법은 떠오르지 않았습니다. 가격을 내려보거나 전단지를 돌려봐도 효과는 전혀 없었습니다.

이 같은 상황을 듣고 먼저 마법의 6가지 질문에 따라 과거의 매출 추이와 필요경비를 확인하였습니다. 그랬더니 손익분기점까지는 매출을 매달 30만 엔 정도 올리면 된다는 사실을 알 수 있었습니다. 1인당 구매액은 대략 6천 엔이었으므로 달마다 50명 정도 손님을 늘려야 했습니다.

그때까지의 판촉활동을 분석해 보니, 생활정보지 광고로 찾아오는 신규고객은 10명 정도였습니다. 광고비를 생각해보면 적자였습니다. 게다가 정보지를 보고 찾아오는 손님은 대개가 할인이 목적이었기 때문에 다음에도 올 확률은 매우 낮습니다. 무엇보다 근처 미용실과의 출혈경쟁으로 수익이 거의 나지 않았습니다. 출혈경쟁의 피해를 알고는 있었으나 어쩔 도리가 없었던 듯했습니다.

일단 생활정보지 광고부터 중단해 경비를 삭감하도록 했습니다. 이로써 손익분기점을 맞추기 위해 필요한 추가 고객 수는 40명으로 줄었습니다. 이렇게 해서 미용실의 목표를 월 40명의 고객을 늘리는 것으로 잡았습니다.

케이스 스터디 ❷

경영신념으로 모두의 마음가짐을 하나로 만든다

미용실 사장의 이야기를 들어보니, 예전에 뉴욕으로 헤어디자인 유학을 다녀온 적이 있었다고 합니다. 전국 규모의 헤어디자인 콘테스트에서 우승할 정도로 솜씨도 좋았습니다. 또한 젊은 시절 훌륭한 미용사가 되고자 홀로 유학을 결정했을 때의 열정, 손님이 편안하게 찾을 수 있도록 미용실을 집처럼 아늑하게 꾸미고자 했다는 이야기, 직원들이 미용사로서도 사회인으로서도 성장할 수 있도록 배려하기 등등 지금은 잊어버린 초심을 들을 수 있었습니다. 그래서 초창기의 이 같은 마음가짐을 바탕으로 무엇보다 먼저 경영신념을 만들도록 했습니다.

훌륭한 솜씨와 경험을 지닌 사장, 손님에게 기쁨을 주겠다는 태도, 직원들의 성장을 바라는 마음가짐을 아우르는 경영신념. 이제 남은 것은 이것을 이야기로 만들어 손님은 물론 직원들에게도 전할 수단을 찾는 것이었습니다.

미용실 사장은 내성적인 성격이었습니다. 그래서 직원들과 상담하거나 고민을 털어놓은 일은 거의 없었습니다. 그러니 직원들도 사장에게서 벽이 가로놓인 듯한 거리감을 느꼈을지도 모릅니다. 사장은 먼저 자신의 그런 태도를 고쳤습니다. 가게를 살리기 위해서는 무엇보다 직원들의 협조가 중요합니다. 직원들의 협조를 이끌어내기 위해서는 급여를 올릴 게 아니라, 사장이 마음을 열고 직원들에게 도움을 청할 필요가 있습니다.

가게를 거듭나게 하는 경영신념

손님에게

아름다운 헤어스타일로 손님에게 새로운 인생을 선사하자!
언제라도 찾고 싶은, 집처럼 편안한 분위기의 미용실!!

직원들에게

나의 꿈 나의 성공은 손님에게 달렸다. 손님이 기뻐하면 나의 꿈에 한 발 더 다가설

수 있다.

직원들 모두가 활기차고 오래 일하고 싶어 하는 미용실을 만들자.

우리의 마음가짐

나의 가위를 모두가 보고 있다!

훌륭한 헤어디자이너의 꿈을 향해 항상 노력하는, 밝은 사람이 되자.

나부터 먼저 행동하고 책임감 있게 일하자.

늘 감사의 마음을 갖고 항상 배려하며 예의를 지키자.

충고에 귀 기울이자. 그리고 모두에게 웃는 얼굴로 대하자.

케이스 스터디 ❸

3년 연속 적자인 가게를 '비용 제로'로 흑자 가게를 만든 비결

사장은 저와 함께 작성한 경영신념을 바탕으로 직원들과 워크숍을 열었습니다.

미용실이 처한 현재의 어려운 상황을 설명하고 그에 대한 모든 책임은 사장 자신한테 있다는 사과의 말을 먼저 했습니다. 그리고 가게를 어떻게든 살리기 위해서는 직원들의 협조와 의사소통이 무엇보다 중요하다고 설득했습니다. 또 향후 겪게 될 경험은 인생의 밑거름이 될 거라는 말도 덧붙였습니다. 사장의 말에는, 장래에 독립해서 미용실을 내더라도 자신과 똑같은 실패를 되풀이하지 말라는 애정이 담겨 있었습니다. 처음에는 생뚱맞은 표정으로 듣고 있던 직원들도 사장의 진심이 느껴지자, 다시 한번 열심히 일해야겠다는 마음을 다지게 되었습니다.

목표는 한 달 동안 40명의 손님을 늘리는 것이었습니다. 물론 이 때문에 새로운 광고비를 지출하지는 않았습니다. 먼저 가장 손쉽게 매출을 올리는 방법으로 영업시간 연장을 결정했습니다. 월 25일의 영업일수를 28일로, 하루 영업시간을 9시간에서 12시간으로 늘렸습니다. 손님이 없는 시간에는 고객카드를 살펴서 6개월 이상 방문하지 않은 손님들에게 보낼 감사엽서를 작성했습니다. 여기에는 손글씨로 하나하나 미용실의 신념 그리고 사장과 직원들의 마음가짐에 대해 적었습니다. 할인쿠폰 같은 게 아니라 고객에 대한 애정이 느껴지게끔 정성 들여 썼습니다.

미용실 안에 경영신념을 걸고 방문한 손님들에게는 미용실을 소개하는 팸플릿도 건넸습니다. 팸플릿에는 사장과 직원들의 웃는 사진과 간단한 프로필, 현재의 미용실에 일하게 된 경위나 앞으로의 포부 등을 적었습니다. 이 팸플릿은 확대하여 미용실 내에도 붙여두었습니다.

이것이 미용실의 브랜드 시책이 되었습니다. 사장은 이렇게 만든 팸플릿과 가게의 홍보 전단지를 직접 직원들을 데리고 거리에서 배포했습니다. 사장이 지나가는 행인들에게 상냥하게 전단지를 돌리는 모습을 보자, 직원들도 이제껏 의무적으로 해야 했던 태도에서 벗어나 꼭 미용실을 찾아달라는 마음을 담아 전단지를 나눠주게 되었습니다.

가게의 경영신념 아래 매출을 올리기 위해 하나가 된 직원들의 마음은 손님들에게도 그대로 전해졌습니다. 미용실에는 차츰 손님이 늘었고 가게의 사정을 들은 손님들 또한 적극적으로 지인들에게 소개해 주게 되었습니다. 팸플릿과 전단지 같은 소박한 노력이 입소문을 일으킨 것이었습니다.

어느 날 하루는 제대로 손님응대를 하기도 벅찰 정도로 손님들이 많았는데 손님이 불평하기는커녕 "가게 정말 잘되네요. 다행이에요. 또 올게요."라며 웃는 얼굴로 예약을 하고 갈 정도였습니다. 나중에 직원에게 들은 이야기입니다만, 그때 손님의 말을 들은 사장의 눈가에는 눈물이 맺혀 있었다고 합니다.

사장은 하루의 영업이 끝나면 잠잘 시간도 쪼개서 매출 관리를 했습니다. 그날의 매출과 손님 수 등을 정리해 매일 제게 보고했습니다. 그 결과 놀랍게도 3개월 후에는 당초의 목표였던 손익분기점까지 손님을 늘릴 수 있게 되었습니다. 3년간 적자였던 미용실이 불과 3개월 만에 흑자로 거듭난 것이었습니다.

이 밖에도 가급적 돈을 들이지 않고 매출을 올리는 방법을 강구했는데, 여기에 대해서는 다음 장에 설명하겠습니다. 이 미용실이 적자에서 3개월 만에 흑자로 돌아서게 된 가장 큰 이유는 경영자의 의식이 바뀌어 가게의 이념과 목표를 달성하기 위한 방법이 명확해졌고, 사장과 직원들 모두가 하나가 될 수 있었기 때문이었습니다. 몇몇 다른 방법이 있었습니다만, 가게의 직원들이 하나로 뭉치지 못했다면 좋은 성과는 결코 얻지 못했을 것입니다.

이 미용실과 마찬가지로 당신의 가게도 반드시 거듭날 수 있습니다. 그 핵심은 경영신념과 브랜드 만들기 그리고 직원들의 협력입니다. 당신의 가게는 지금 어떻습니까?

제3장의 정리

마켓 인과 프로덕트 아웃

- **마켓 인** : 시장에서 요구하는 상품과 서비스를 제공한다.
- **프로덕트 아웃** : 만드는 사람의 의지나 생각에 따라 상품과 서비스를 제공한다.

마켓 인이 작은 가게에 맞지 않는 이유

① 고객을 독점하는 것이 불가능

② 시장조사에 막대한 예산이 필요

③ 대기업과 정면충돌하는 것은 무모

→ 따라서 프로덕트 아웃을 적용해 자신감을 갖고 내 가게를 밀어붙이는 게 낫다.

가게의 경영 상태를 단번에 파악할 수 있는 6가지 질문

① 가게의 현 상황을 알려주세요

② 당신의 목표를 알려주세요

③ 이 같은 목표를 설정한 이유를 알려주세요

④ 목표 달성을 위한 시책에 대해 알려주세요

⑤ 예전에 행했던 시책의 만족도를 알려주세요

⑥ 지금까지의 대답 중에 깜빡하고 답하지 못한 것은 없습니까?

경영신념이란 뭘까?

'경영신념 = 가게의 존재 이유 = 가게의 헌법'으로 경영 판단의 기준이 되는 원칙. 대부분의 경영자들이 경영신조의 중요성을 깨닫지 못하고 있다.

대박가게 브랜드의 3가지 요소

① 사람 ② 상품과 서비스 ③ 스토리

적자 가게를 '비용 제로'의 흑자 가게로 바꾸는 비결

① 마법의 6가지 질문으로 가게의 현재 상황을 파악하고 흑자화에 필요한 매출을 산출한다.

② 가게의 경영신념을 만들어 직원들에게 전파한다.

③ 영업시간의 연장, 팸플릿 배포 등 구체적인 시책을 실시한다.

숫자에 약한 경영자가
꼭 알아야 할
경리·재무의 핵심

4

경리란 경영의 성적표

이 장에서는 대부분의 사장님들이 가장 귀가 따가울 '수치의 관리'에 대해 살펴보겠습니다.

사실 저는 수학을 싫어합니다. 경영 컨설턴트라는 직업을 갖고는 있지만 수치 관리는 전문이 아닌 듯합니다. 제 스스로 이과계 인간형이라 생각하고 있고 계산이나 암산도 꽤 빠른 편이지만 왠지 숫자에는 자신이 없습니다. 그저 노력 중입니다.

그런데 여기에서 여러분이 분명히 인식해야 할 게 있습니다. 경영에서 숫자는 계산을 뜻하지 않습니다. 술값 계산을 기막히게 잘한다고 해서 숫자에 강한 것도 아닙니다. 물론 수학 공식을 잘 외우는 것과도 관계없습니다.

그렇다면 경영에서 숫자에 강하다는 건 뭘 뜻하는 걸까요?

'경리'와 '재무'라는 단어를 들어본 적이 있을 것입니다. 그런데 이 두 단어의 진정한 의미도 알고 있나요? 가게 경영이라고 해도 이 두 단어만큼은 꼭 이해하고 있어야 합니다.

먼저 '경리'에 대해 살펴봅시다. 자주 들어본 말이지요. 매일같이 장부를 적고 달마다 나간 돈과 들어온 돈을 계산합니다. 전표와 영수증 정리, 세무사를 통해 결산이나 확정 신고를 하고 세금을 처리합니다. 이런 일들에 서투른 경영자들이 많습니다. 저도 그러니까요. 특히나 세금 문제는 정말 까다롭습니다.

아마 대부분의 사장님들은 이런 일련의 일들이 경리라고 생각할 것입니다. 하지만, **경리란 글자 그대로 '경經'과 '리理', 즉 경영의 관리를 뜻합니다.**

경영의 결과는 이 경리에서 모두 드러납니다. 가게 경영의 수치를 체크하고 이것을 데이터로서 축적해야 합니다. 그리고 과거의 수치를 분명하게 파악하여 경영의 지침으로 삼을 수 있어야 합니다. 세금 정산이 끝났다고 경리 업무도 끝나는 게 아닙니다. 경리란 경영의 성적표와도 같습니다. 경영자인 사장에게 성적표의 수치는 현재 상황과 대책을 엮어주는 도구에 다름 아닙니다.

그렇기 때문에 조금이라도 좋은 성적표를 받을 수 있도록 경리 업무는 매일같이 철저하게 체크해야 합니다. 서투르니까 할 수 없다, 이런 변명은 통하지 않습니다. 왜냐하면 경리 오차는 그 즉시 가게 경영에 부정적인 영향을 끼치기 때문입니다.

잘 생각해 보세요. **경영의 성적표인 경리 장부가 제멋대로라면 경영을 바로잡을 지침을 잃게 됩니다.** 무엇이 그르고 무엇이 바른지, 무엇이 실패고 무엇이 성공인지를 수치로 파악할 수 없다면 경영 능력을 신뢰하기 어렵게 됩니다. 이뿐만이 아닙니다. 부정확한 장부는 가게의 경영 관리에도 영향을 미칩니다. 잘못된 장부는 현금 관리를 어렵게 해 들어온 돈이 맞는지 어떤지조차 알 수 없게 됩니다. 작은 구멍 하나가 차츰 커져 끝내는 돈 관리가 뒤죽박죽이 되는 것입니다.

이것을 앞치마에 돈을 넣어두고 출납을 관리한다고 해서 '앞치마 계산' 또는 '소쿠리 계산'이라고 합니다. 그나마 벌이가 괜찮은 가게는 괜찮을지 모르지만 적자 가게에서 이처럼 주먹구구식으로 돈 관리를 하고 있는 사장님들이 정말 많습니다. 오히려 벌이가 잘되는 가게가 경리 관리에 보다 세세하고 철저합니다. 경영자의 의식을 바꾸고 신념을 만들어 가게 부활을 꿈꾼다고 해도 '경리'라고 하는 출입구를 제대로 관리하지 않고서는 돈이 새는 것을 막을 수가 없습니다. 철저한 체크와 관리만이 해법입니다.

가게 경리의 체크포인트

- ☑ 매출
- ☑ 원재료비
- ☑ 임대료
- ☑ 인건비
- ☐ 전기
- ☐ 가스
- ☐ 수도
- ☐ 통신비

- ☐ 공과금
- ☐ 교통비
- ☐ 광고선전비
- ☐ 접대비
- ☐ 손해보험료
- ☐ 수선비
- ☐ 소모품
- ☐ 복리후생비

- ☑ 기타 잡비
- ☐ 카드수수료
- ☑ 변제금

대전제
금전출납부에는 현금의 출납을 정확하게 기재한다.

가게 경영에서 가장 중요한 숫자는
√표시를 한 6가지!!

그리고 매출은,

손님 실적

신규고객 수

신규 재방문 고객 수

단골고객 수

고객 1인당 구매액

등을 알 수 있는 범위 내에서 세분화하여 기록한다.
또한 잡비를 줄여 사용처가 불분명한 돈이 없도록 노력한다.
변제는 얼마를, 언제까지 변제하면 다 갚게 되는지
반드시 확인한다.

새는 수도꼭지는 즉시 잠궈라

　대기업은 물론이고 중소기업에도 경리부서가 있습니다. 여기에서는 매월의 금전 출납을 관리합니다. 이 숫자가 1원이라도 맞지 않으면 큰일입니다. 비록 1원이라 할지라도 전달의 내역을 살펴 수치가 맞지 않는 원인을 꼭 밝혀냅니다.
　저도 영업자로 일할 때에는 경리 쪽 업무가 골치였습니다. 제출한 경비 보고서와 영수증이 항상 맞지 않아 몇 번이고 다시 제출했습니다. 내심 '영업자가 계약만 잘 따오면 되지' 하는 생각이었습니다만 지금은 경리 업무가 얼마나 중요한지 잘 이해하고 있습니다. 이는 은행도 마찬가지여서 영업시간이 끝난 다음에 모두가 그날의 금전 출납을 체크합니다. 1원이라도 맞지 않으면 퇴근할 수도 없습니다. 왜 1원의 오차도 놓치지 않으려 하는 걸까요?

생각해 보세요. 예컨대 연매출 600만 엔의 작은 가게에서 월 3천 엔의 금액이 어긋났다고 합시다. 연간으로는 3만6천 엔, 연매출 600만 엔에 비하면 0.6퍼센트 손실에 해당합니다. 여러분은 아주 미미한 금액이라 생각할지도 모릅니다. 하지만 이 오차를 바로잡지 않는다면, 연매출이 올라갈수록 처음에는 적었던 손실이 차츰 커집니다. 한 달에 3천 엔의 오차가 발견되지 않는 회사라면 3만 엔의 오차도 발견되지 않을 것입니다.

그렇게 손실이 커지게 되면 소쿠리 계산에서처럼 돈이 샐 수밖에 없습니다. 벌어도 번 만큼 수익이 쌓이지 않습니다. 처음에는 비록 작은 손실이라도 결국은 막대한 손실로 이어진다는 사실을 꼭 명심하기 바랍니다. 이 같은 이유 때문에 가게 경영에서는 큰 기업 이상으로 경리 업무를 철저하게 해야 합니다. **새는 수도꼭지는 바로 잠궈야 합니다. 특히 현금 장사를 주로 하는 가게 경영에서는 철저한 현금 관리가 무엇보다 중요합니다.**

가게를 운영하다 보면 '금고 돈이 맞지 않아'와 같은 고민을 한 경험이 있을 것입니다. 돈이 맞지 않는 이유는 다양합니다. 단순한 착오일 수도 있고 어쩌면 누군가 손을 댔을 수도 있습니다. 돈이 맞지 않으면 담당 직원이 책임을 지고 채워 넣는 가게도 있을 텐데, 열심히 일하는 직원

입장에는 일할 기운이 나지 않을 것입니다. 이처럼 함께 일하는 사람을 의심해야 하는 상황은 매우 슬픕니다. 그래서 굳이 원인이 밝혀지지 않았더라도 추궁하지 않는 경우가 많을 것이고요. 하지만 제 경험상 이런 일들을 그대로 두게 되면 결국 일은 더욱 커지게 마련입니다. 수습이 어려운 지경에 빠지거나 직원들끼리 서로 의심해 가게 분위기는 더욱 나빠집니다.

금고의 돈이 맞지 않으면 '이를 알게 된 그 즉시 원인을 찾는다'라는 사항을 직원들에게 인식시키는 게 좋습니다. 당신과 직원들의 소중한 가게입니다. 돈 문제만큼은 철저하게 관리하는 습관을 들여야 합니다. 이것이 경영자의 역할입니다.

장부에 기재하지 않는 돈이 가게를 무너뜨린다

그런데 문제는 이뿐만이 아닙니다. 제가 가장 난처한 것은 다음과 같은 경우입니다.

고객에게 컨설팅을 의뢰받아 구두로 경리 업무를 파악하고 매출 관리를 하던 차에 한 가지 의문이 들었습니다. 오랜 기간 동안 경영 수치를 봐오다 보니, 원가가 지나치게 높거나 수익이 너무 적은 경우, 불투명한 경비, 매출이 평년 매출과 지나치게 차이가 있는 경우 등에는 곧바로 눈이 가게 됩니다.

그 이유를 사장에게 물어보자,

"비품 구입 같은 경비는 금고에서 바로 꺼내서 주고 있어요."

"직원들 회식하러 갈 때는 금고에서 돈을 꺼내 쓰고 있어요."

심한 경우에는,

"실은 금전출납부에 기재하지 않은 돈이 좀 있어요."

등의 대답이 돌아옵니다. 이 같은 경우는 정말 많아서 들어도 별로 놀랍지도 않을 정도입니다. 앞의 두 경우는 "지금 상황은 자업자득입니다. 바로 시정하셔야 됩니다." 정도로 끝났습니다. 하지만 매출을 기재하지 않고 누락하는 것, **영수증을 발행하지 않거나 장부에 매출로 기재하지 않는 돈이 있다면 경영 개선 이상으로 탈세 문제로 불거질 수 있습니다.** 의도적으로 탈세했는지는 제쳐두고라도 이런 가게가 잘되는 경우는 거의 없습니다.

경험으로 비추어보건대 세무서는 무섭습니다. 정말 무섭습니다. 설마 우리처럼 작은 가게에는 오지 않겠지 하고 생각하는 사람도 많을 테지만 언제가 됐든 올 때가 있습니다. 심한 경우에는 반 년 정도 사전조사를 하고 가게 앞에서 손님 수를 파악한 다음에 조사를 나오는 경우도 있습니다.

제가 보기에도 이상한 장부라면 세무 전문가에게는 틀림없이 걸려듭니다. 그리고 한 번 적발되면 이제껏 운영해왔던 기간 동안 동일한 탈세가 있었다고 인정되어 터무니없는 추징금을 물게 됩니다. 이 때문에 가게가 기울어진다면 이것이야말로 본말전도입니다. 이것은 금전 관리에 철저해야 할 또 하나의 이유입니다.

경리는 과거, 재무는 미래

앞에서는 가게 경영자의 입장에서 경리에 대해 살펴보았습니다. 다음은 '재무'에 대해 설명하겠습니다.

재무라는 말에도 여러 의미가 있습니다. 자산운용, 파이낸스 등으로 번역되는데, 요컨대 '자금뿐 아니라 인재, 재고 등의 경영 자원을 어디에 투자해 수익을 낼 것인가'를 실천하는 것이 재무입니다. 더욱이 가게 경영자에게 재무는, 경리가 과거의 수치 관리인 데 비해 미래의 수치 관리를 가리킵니다.

소규모 가게 경영자가 가장 소홀히 하고 있는 게 바로 재무입니다. 경리는 세무 관계상 세무사 등의 도움을 받을 수 있습니다. 하지만 재무에 대한 마인드가 부족한 경영자는 정말 많습니다. 문제가 아닐 수 없습니다.

당장의 일에 쫓기다보니 가게의 1개월, 3개월, 반년, 하물며 1년 후의 일은 생각할 겨를이 없다는 말을 합니다. 하지만 미래의 계획을 제대로 세워서 경영하는 것과 미래를 생각하지 않고 경영하는 것은 성과나 직원의 동기부여 측면에서도 하늘과 땅 차이입니다.

경리와 재무의 차이

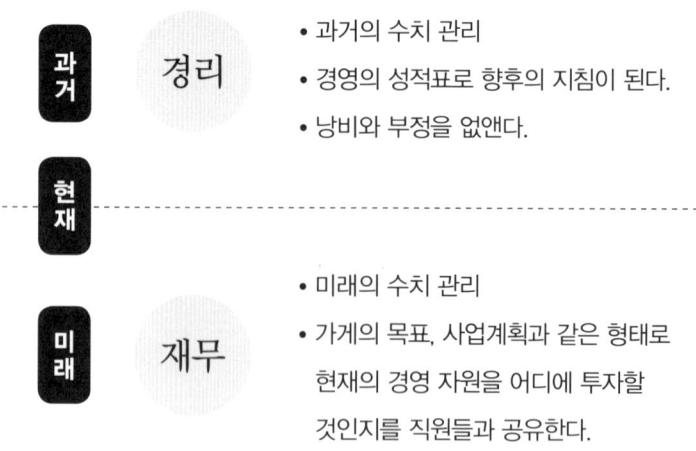

간단한 예를 하나 들어보겠습니다.

휴가를 내서 직원 모두를 데리고 여행을 떠났다고 합시다. 어디에 가는지도 알려주지 않고 직원들을 집결장소로 불렀습니다. 나름대로 재미있다고 느낄 사람도 있을 것입니다만, 행선지를 몰라 불안해하는 사람, 개중에는 여행을 가기 싫은 사람도 있을 것입니다. 우선은 어디에 갈 것인지 명확하게 밝히는 것이 중요합니다.

그래서 당신은 목적지를 도쿄 디즈니랜드로 정했습니다. "때로는 쉬면서 기분전환이라도 해야지." 하는 의도를 직원들에게 전하고 드디어 출발했습니다. 도쿄 디즈니랜드는 치바 현에 있습니다. 당신의 현재 위치는 오사카라고 합시다. 당신은 비용을 생각해 소형버스를 빌려 교대로 운전하며 목적지까지 가는 방법을 생각해 냈습니다. 시간이 어느 정도 걸릴지도 예상합니다. 휴게소에 두 번 들리는 시간을 포함해 9시간 정도로 잡았습니다. 이처럼 여행 계획을 세웠다면 일정표 같은 것을 만들어 직원들과 정보를 공유합니다.

이렇게 하면 직원들 입장에서는 어떨까요? 불안을 느끼는 일 없이 목적지를 향해 순조롭게 나아갈 수 있을 것입니다. 준비가 9할! 이 말은 작은 가게 경영에도 그대로 적용됩니다.

재무의 기본을 수행하는 10가지 포인트

재무란 계획에 딱 맞춰 실행하기 어려울 수도 있습니다. 도로정체처럼 예측하기 어려운 문제가 생길지도 모르니까요. 그래도 처음에 제대로 계획을 세운다면 어느 정도 계획에서 어긋나는 일이 있어도, 목적지에 도착할 다른 방법을 곧바로 찾을 수 있습니다.

반대로 애초에 계획이 없었다면 어디를 어떻게 수정하면 좋을지 손도 쓰지 못할 지경에 빠질 수 있습니다. 당신을 믿고 따라간 동행자도 두 번 다시는 당신에게 믿음을 주지 않을 것입니다.

놀이조차도 계획을 빠뜨릴 수는 없는데 하물며 가게 경영을 무계획으로 일관하는 것은 무모하기 짝이 없습니다. 현재 자신들의 가게가 어디를 향하는지, 어디를 달리고 있는지 무엇 하나 알 수 없습니다. 이래서는 직원들이 불안을 느끼는 것도 무리는 아닙니다.

재무의 기본은 먼저 미래에 대해 계획을 세우는 데 있습니다. 이것을 사업계획이라고 합니다. 그리고 사업계획을 세우는 포인트는 다음의 10가지입니다. 이해하기 쉽도록 앞의 여행에 빗대어 설명하겠습니다.

① **무엇을 위하여?** (신념) → 평소 업무에서 벗어나 자신과 직원들이 함께 즐기기 위해
② **목적지는?** (목적) → 디즈니랜드
③ **현재 위치는?** (현황, 재정상황) → 오사카
④ **목적지와 현재 위치의 갭은?** (과제의 명확화) → 도쿄와 오사카의 거리
⑤ **어떻게 해서?** (수단) → 버스를 빌린다.
⑥ **걸리는 예상시간은?** (기간) → 9시간 정도
⑦ **언제까지?** (기한) → 몇 시까지
⑧ **누구와?** (인재) → 직원들과
⑨ **드는 비용은?** (경비) → 교통비
⑩ **도중의 포인트는?** (중간목표) → 휴게소에 몇 시까지 도착

먼저 이 10가지 포인트를 명확하게 정하는 일이 우선입니다. 어떻게 정하면 좋을지는 이 장에서 다시 설명하겠습니다.

다음으로 중요한 것은 이 사업계획을 직원 모두와 공유하는 일입니다. 사업계획이 당신만을 위한 계획이어서는 의미가 없습니다. 계획을 달성하게 되면 직원들에게 어떤 장점이 있는지, 생각을 가다듬을 필요가 있습니다. 직원들은 자신을 위해 그리고 가게를 위해 일하는 존재입니다. 가게만을 위해 일하는 직원은 솔직히 말해 저는 여태 본 적이 없습니다. 그런가 하면 돈이 목적의 전부 또한 아닙니다. 돈 외에도 자신의 경험, 성장, 꿈의 실현 등 다양한 목적이 그들에게는 있습니다. 직원들의 목적

과 가게의 목적이 일직선 위에 놓였을 때 가게는 하나가 되어 목적을 달성할 수 있게 됩니다.

이 점을 잘못 이해하면, 직원들이 진심을 다해 일하지 않고 오래도록 함께하지 않는 지경에 이를 수 있습니다. 결코 급여를 많이 주지 않기 때문이 아닙니다. 직원들의 동기부여 관리에 대해서는 5장에서 자세히 설명하겠습니다.

사업계획은 왜 계획만으로 끝나고 마는 걸까?

이렇게까지 면밀하게 계획을 세웠음에도 계획만으로 끝나버려서는 의미가 없습니다. 많은 사장님들이 이 때문에 고민을 합니다. 그렇다면 계획만으로 끝나는 이유는 뭘까요? 제 컨설팅 경험으로 보자면 이유는 크게 두 가지입니다.

첫 번째, 계획대로 진행되지 않으면 금세 의욕을 잃어버리기 때문입니다. 이런 사장님들은 완전주의자인 경우가 많은데, 일단 계획에 어긋나면 무엇이 원인인지를 밝혀 곧바로 궤도수정에 들어가는 유연성이 필요합니다. 목표 달성을 위해서는 처음에 세웠던 계획을 몇 번이고 고칠 필요가 있다는 사실을 유념하기 바랍니다. 행여 처음 계획 꼭 그대로 일이 진행된다면 당신은 아마도 마술사 또는 그 무엇입니다.

두 번째는 포인트 ⑩과 관계 있습니다. 목표를 상세하게 설정하지 않아 경리업무를 철저하게 하더라도 그 수치가 얼마나 계획과 동떨어져 있는지 알 수 없기 때문입니다. 그래서 수정을 하지 못한 채 시간만 흐르고 마침내는 처음에 세웠던 목적과는 전혀 다른 결과에 다다르는 일이 빈번합니다.

사업계획의 진행 관리는, 목표를 상세하게 세우고 매월이 아닌 매일 그것을 점검하여 궤도를 수정해야 합니다. 재무관리의 핵심은 목적을 직원들과 공유하고 진행 관리를 소홀히 하지 않는 데에 있습니다.

목표와 현상의 괴리를 '손님 수'에서 찾는다

사업계획을 세우는 법에 대해 살펴보겠습니다. 미래의 수치를 만드는 재무의 관점에서 구체적인 사업계획을 작성합니다.

먼저 앞 장에서 만든 경영신념을 떠올려 보세요. 당신의 목적인 신념을 달성하기 위해 가게는 도대체 어느 정도 매출과 수익을 남겨야 할까요? 현재 상황을 고려할 필요는 일절 없습니다. 비록 지금 당장 가게가 적자라고 해도 목표는 크게 가져도 됩니다.

사람은 이미지로 떠올리지 못하는 목표를 달성할 수는 없습니다. 가게 경영도 마찬가지입니다. **경영자인 당신 자신이 상상할 수 없는 목표**

를 달성하는 것은 불가능합니다.

만약 적자에서 벗어나 흑자를 달성하는 게 최종 목표라면 이것을 달성할 수는 있어도 그 이상은 무리입니다. 단순히 손익분기점을 넘어서기 위해 가게를 낸 것은 아닐 것입니다. 목적이란 지금 당신이 상상할 수 있는 최고의 상태입니다. 먼저 그것을 의식해서 매출과 수익 목표를 세워야 합니다.

다만, 가게의 넓이나 공간, 고용할 수 있는 직원 수의 제약 등으로 매출에는 한계가 있습니다. 목표가 이 한계를 넘어서는 경우에는 분점 등을 검토해 구체적인 목표 수치를 설정하기 바랍니다.

다음으로 매출과 수익 목표에 대해 가게의 현 상황을 분석합니다. 현재의 매출 추이, 경비 그리고 수익 등을 연간 합계, 즉 연매출로 계산합니다. 당신이 목표로 하는 수치와 현재의 수치에 어느 정도 차이가 있는지를 파악하기 위해서입니다. 여기에서 중요한 점은 이 차이를 수치로 나타내는 것입니다.

이를 위해 잘되는 가게로 가는 방정식을 하나 소개하겠습니다.

전월의 고정고객 수 < 당월의 고정고객 수

고정고객이란 현재의 기존고객에서 두 번째 가게를 찾은 손님 수를 더하고 더 이상 오지 않는 손님 수(로스트 고객)를 뺀, 현재의 살아남은 고객 수를 가리킵니다. 즉 고정고객(현재의 살아 있는 고객 리스트)이 매월 증가하는지 여부가 잘되는 가게로 바뀌는 중요한 포인트가 됩니다. 당연한 말 아니냐고요? 그렇습니다. 당연합니다. 하지만 이 공식을 머릿속에 떠올리며 사업계획을 짜는 사장님은 거의 없습니다.

잘되는 가게가 되기 위한 방정식

> 전월의 고정고객 수 〈 당월의 고정고객 수

● **고정고객**

현재의 기존고객 + 이번 달에 두 번째 가게를 찾은 손님 수 – 로스트 고객

두 번째로 가게를 찾는 손님을 늘리기 위해서는 신규고객에게 만족과 기쁨을 줄 수 있어야 한다.

'분해는 곧 창조'라는 말이 있습니다. 하나의 사항을 분해해서 원인을 찾는 것이 새로운 것의 창조, 곧 새로운 성과를 낳는 최선의 방법입니다. 목표를 달성하기 위해 필요한 것은 신규고객인가, 고정고객인가? 이것도 아니면 잃어버린 고객, 즉 로스트 고객의 비율을 줄이는 것이 급선무일까?

아래 질문은, 당신 스스로 정확하게 인식하고 있어야 합니다.

현재의 손님 수는 매월 몇 명 정도입니까?

연간 몇 명의 손님이 당신 가게를 찾습니까?

이들 손님은 고정고객입니까, 신규고객입니까?

신규고객이 나중에 다시 가게를 찾는 비율은 어느 정도입니까?

다음으로 살펴야 할 것은 '고객 1인당 구매액'입니다. 한 명의 손님이 한 번 방문해서 얼마를 쓰고 가는가, 이것이 고객 1인당 구매액입니다. 연간 매출을 전체 손님 수로 나누면 1인당 구매액이 나옵니다.

이것으로 목표 고객에 대해, 신규고객수와 재방문율을 어느 정도로 잡으면 좋을지 명확해집니다. 그런데 여기에는 중요한 함정이 두 가지 있습니다.

'매출=손님 수×고객 1인당 구매액'이라는 거짓말

아래는 컨설팅에서 자주 이야기하는 가게 경영의 방정식입니다.

매출 = 손님 수 × 고객 1인당 구매액

공식을 살펴보면 이해가 되겠지만 혹시 이 방정식을 곧이곧대로 받아들이고 있지는 않은가요? 실은 이 식에는 생각지도 못할 덫이 놓여 있습니다.

첫 번째 함정은 손님 수에 관한 것입니다. 대부분의 사장님들이 위에서 말한 '손님 수'를 실제 돈을 지불하는 손님의 수라고 생각할 것입니다. 그런데 정말 돈을 지불하는 사람만이 손님일까요?

예비고객이란 말을 들어본 적이 있을 것입니다. 아직 가게를 찾지는 않은, 하지만 언젠가 찾아올지도 모를 손님을 가리킵니다. 실제 돈을 지불하는 고객에만 주의를 빼앗기면 이 예비고객에 대해 소홀해지게 됩니다. 손님은, 당신의 가게를 찾아 상품이나 서비스를 구매할 가능성이 있는 모든 사람이라고 여겨야 합니다. 이 같은 생각은 뒤에 설명할 판촉활동과도 깊은 관계가 있습니다.

그렇게 보면 앞의 방정식은 이렇게 고칠 수 있습니다.

매출 = 실고객 수(기존고객 + 예비고객 × 방문·구매율)
× 고객 1인당 구매액

경영의 목표 수치를 달성하기 위해서는 단순히 고객수로 계산할 게 아니라, 고객의 내용을 명확하게 인식할 필요가 있습니다.

그런데 예비고객 수는 파악이 어렵다는 문제가 있습니다. 그래서 사업계획을 세울 때에는 먼저 예비고객이 방문해 구입할 비율을 산출해야 합니다.

제대로 된 매출 방정식

매출 = 손님 수 × 고객 1인당 구매액

매출 = 실고객 수(기존고객 + 예비고객 × 방문·구매율)
× 고객 1인당 구매액

→ 손님은, 당신의 가게를 찾아 상품이나 서비스를 구매할 가능성이 있는 모든 사람을 말한다.

3장에서 과거의 판촉활동 효과에 대해 물었습니다. 뿌린 전단지의 양, 광고를 실은 매체의 발행부수 그리고 그 결과 몇 명의 손님이 당신 가게의 상품과 서비스를 구매했는가? 이 모두를 정확하게 파악할 수는 없으니 이 부분은 당신이 느끼는 감각으로도 충분합니다. 가게의 업종업태나 광고 종류에 따라 이 비율은 판이하게 다릅니다. 예비고객이 부동산이나 차를 사는 비율과 편의점에서 음료수를 사는 비율 등 천차만별입니다. 일단은, 당신의 감각으로 비율을 상정하는 게 중요합니다. 아무리 생각해도 비율을 상정하기 어려운 경우는 앞으로 실시하게 될 판촉활동의 효과를 제대로 측정하기 바랍니다.(이 방법도 다시 설명하겠습니다.) 우선은 가설로도 충분합니다. 가설에 대해 현실을 분석함으로써 경영자로서의 감각도 익히는 계기가 될 것입니다.

대개의 평균치는 업계에 따라 조금씩 차이가 있는데, 전단지를 삽지하여 배포한 경우의 방문 비율은 0.03~0.1퍼센트, 포스터를 붙였을 경우에는 0.06~0.5퍼센트 정도입니다. 1건의 반응에 드는 비용을 계산해서 판매촉진비 대비 효과를 확인하기 바랍니다.

비율을 상정한 다음에는 목표 수치 달성에 필요한 예비고객 수를 계산합니다. 여기까지 함으로써 비로소 당신의 사업계획이 설득력을 갖게 됩니다.

이처럼 사업계획을 명확히 하면 할수록 당신 스스로도,

"잘하면 될 것도 같은데……."

같은 희망이 보일 것입니다. 이 감각을 소중히 하기 바랍니다. **사업계획을 세웠을 때의 최대의 장점은 경영자인 당신에게 목표 달성을 위한 길이 명확하게 보인다는 점입니다. 다시 말해 '불가능하다고 여겼던 것'이 '잘하면 될 것 같은 목표'로 바뀌는 것입니다.**

1인당 구매액 향상을 목표로 하면 반드시 망한다

다음으로 두 번째 함정인 고객 1인당 구매액에 대해 살펴보겠습니다. 흔히 매출이 저조한 가게의 사장님은 이렇게 생각해 버립니다.

"매출이 낮은 것은 손님들 씀씀이가 줄었기 때문이야. 좀 더 쓰도록 방법을 찾아야지."

또는

"수익이 늘지 않는 건 씀씀이가 너무 커서 그런 거 아닐까. 지출을 좀 더 줄일 수 있도록 해볼까."

이 두 가지는 매우 위험한 발상입니다. 왜냐하면 1인당 구매액은 당신 가게의 고객층을 그대로 반영하고 있기 때문입니다.

만약 가게를 찾는 사람들 중에 만족하는 손님이 단 한 명도 없다면 제공하는 서비스의 품질 자체를 바꿀 필요가 있습니다. 이때는 자연히 1인당 매출액은 올라갑니다. 그러나, 현재의 제품이나 서비스, 가격에 만족하는 손님이 단 한 명이라도 있는 이상(실제로는 한 명뿐일 리는 없지만), 1인당 매출액을 올릴 필요는 없습니다.

당신은 그 같은 경험을 한 적이 없나요? "어제 산 물건이 오늘 보니 가격이 내렸어." 혹은 "그 가게를 친구에게 소개했는데 친구가 들렀을 때는 가격이 올랐다고 하네."

이처럼 과도한 가격 인상과 인하는 지금껏 찾아준 손님의 믿음을 저버리는 일이 됩니다. 더욱이 **1인당 구매액을 바꾸는 것은 지금까지의 고객층이 다른 고객층으로 변화하는 것을 의미합니다.**

근처에 가게가 있는 이상 지역의 예비고객에는 어느 정도 계층 차이가 있기 마련입니다. 간단히 말해서, 자신이 원하는 물건을 위해서 돈을 아끼지 않는 부류에서부터 단 10원을 아끼고자 이웃 동네에까지 자전거를 타고 가는 사람도 있습니다. 가격의 미묘한 변화 때문에 고객층이 바뀌어 이제까지의 단골손님을 잃을 수도 있습니다. 가격을 올린 경우는, 새로운 계층의 손님이 만족할 정도로 상품과 서비스를 제공하기가 여의

치 않습니다. 그리고 가격을 내린 경우 또한 손님이 늘어 바빠짐에도 불구하고 그만큼 수익이 나지 않습니다. 그 같은 경영 위기에 빠지는 가게를 저는 적지 않게 봐왔습니다.

    1인당 구매액을 올린다는 의미에서는 또 다른 폐해도 있습니다. 구매액을 올리기 위해 한번 찾아왔던 손님에게 평소보다 조금 더 팔 생각을 했다고 합시다. 이것도 훌륭한 1인당 매출 올리기 방법일 것입니다. 하지만 손님이 구입하는 상품과 서비스가 저절로 많아진다면 걱정 없겠지만 이것을 무리하게 하려다보면 문제가 됩니다. 손님 입장에서는 강매를 당하는 느낌일 테니까요. 아마 이 손님은 두 번 다시 가게를 찾지 않을 것입니다.

    기본적으로, 1인당 구매액을 올리니 내리니 하며 손님의 지갑을 콘트롤하려는 것은 최후의 수단입니다. 다른 방법을 다 써보고 그래도 어쩔 도리가 없을 때에 또는 늘어나는 손님 수가 한계점에 도달해 신규고객이 더 이상 늘지 않을 때에 1인당 구매액을 올려야 합니다. 물론 이 경우에도 다른 지역에 분점을 내는 편이 나을 수도 있습니다. 그만큼 리스크가 큽니다.

    다시 한번 정리하자면, '매출 = 실고객 수(기존고객 + 예비고객 × 방문·구매율) × 고객 1인당 구매액'이라고 해서, 매출을 올리거나 손님 수를 늘리기 위해 갑작스레 가격을 조절하는 것은 피해야 합니다. 제 경험상 무리한 가격 조작은 처음에는 매출이 오를지 몰라도 일시적일 뿐입니다. 결국은 전보다 매출이 떨어져 위험한 지경에 이르게 됩니다. 무엇보다 우선은 손님 늘리기에 모든 역량을 집중해야 합니다.

그래도 가격을 올리고 싶다면
1.3의 법칙을 사용하라

가격 조절에 대해 이처럼 이야기해도 "아무리 그래도 가격을 올려야 될 것 같다."라고 말하는 사장님들이 있습니다. 현재의 1인당 구매액이 지역이나 업계 표준과 비교해 현저히 낮을 경우가 그렇습니다. 이렇게 하면 가격이 저렴하기 때문에 손님이 늘어 겉으로 보기에는 매출이 오르는 듯하지만, 실제로는 수익이 거의 남지 않는 가게도 많습니다.

'손님 수는 기를 써서 늘리고 가격은 자연히 오를 때까지 기다려라.' 이것을 컨설팅의 신조로 삼고는 있습니다만, 적자가 너무 커서 어떻게든 매출을 올려야 상황에 한하여 고객층의 변화를 최소화하면서 1인당 구매액을 조정하는 방법을 알려드리겠습니다. 1인당 구매액 조정법은 다음 장에서 자세하게 설명하기로 하고, 여기에서는 재무의 관점에서 상품과 서비스의 가격 인상, 가격 인하에 대해 다루겠습니다.

가격을 올리고자 마음먹었을 때, 숫자의 트릭을 이용해 가격이 올랐다는 인상을 그다지 주지 않는 방법이 있습니다. 미용실, 음식점, 소매점 등에서 실제 적용해서 성공한 가격 결정법이므로, 꼭 가격을 올리고 싶을 때 이 방법을 사용하기 바랍니다. 이름하여 '1.3의 법칙'입니다.

심리학에서 1.3이라는 숫자는, 이 변화를 본 사람의 의식이 변했는지 변하지 않았는지를 알아차릴 수 있는 경계에 있는 숫자라고 합니다. 즉 가격 인상을 결정할 때는 가격을 올리고 싶은 상품과 서비스의 가격에 1.3을 곱한 가격보다 낮게 책정해야 합니다. 1.3을 곱한 가격보다 높으면 손님은 "여기 가격이 많이 올랐네."라는 심리적 저항을 느끼는 경우가 많습니다.

반대로 가격을 내릴 경우에는 상품과 서비스의 가격을 1.3으로 나누어 이보다 낮은 가격으로 책정하면 됩니다. 손님에게 "정말 싸졌네."라는 느낌을 주게 되므로 1.3으로 나눈 가격보다 낮게 설정할 필요가 있습니다.

그런데 이 가격 조정법에는 주의해야 할 게 있습니다. 지역의 경쟁점보다 1.3배 이상의 가격을 매기게 된 경우, 손님 입장에서는 이 차이를 금방 느끼게 됩니다. 마찬가지로 가격 인하에 있어서도 1.3으로 나누어 낮게 책정한 주변의 가격보다 상대적으로 조금이라도 높을 경우엔 가격 인하 효과가 손님에게 잘 전달되지 않을 가능성이 높습니다. 가격을 변경할 경우에는 지역의 경쟁점을 조사해 가게 밖의 간판이나 메뉴표 등을 잘 살펴서 가격 결정에 참고해야 합니다.

1.3의 법칙을 이용한 가격 인상

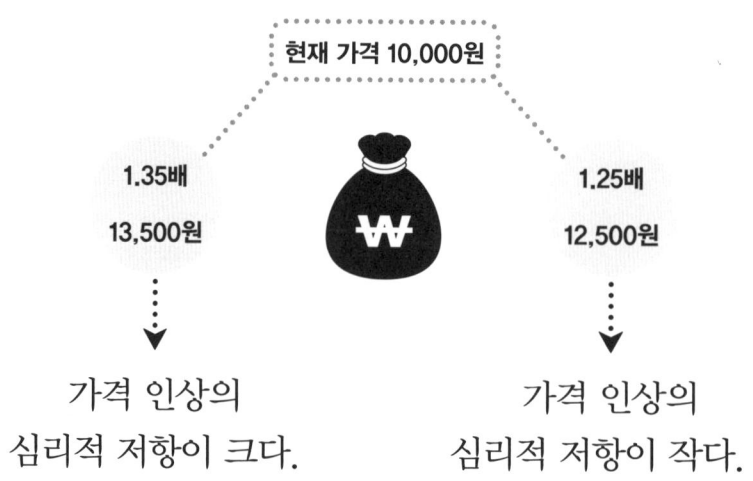

이 가격 결정법은 메뉴판의 가격 구성을 하는 데에도 유효합니다. 상품의 가격대를 3가지로 준비할 때에 각각 기본이 되는 가격을 정하고 그보다 1.3배의 가격대, 1.3배로 낮은 가격대로 메뉴를 구성해 보세요. 이렇게 하면 손님들은 가격 저항을 보다 덜 느끼게 됩니다.

게다가 시간대에 따라 서비스 제공 가격이 바뀌는 업종에도 효과적입니다. 예컨대 술집의 밤 메뉴와 런치 메뉴는 가격이 다른 경우가 많습니다. 미용실 또한 휴일과 평일의 낮 시간은 가격을 다르게 하는 게 좋습니다. 이때에도 1.3의 법칙을 이용하기 바랍니다.

사업계획을 완성하는 3가지 포인트

다시 이야기를 되돌려, 사업계획 작성에 필요한 수치, 즉 매출 목표와 여기에 필요한 비용, 수익 목표와 예비고객 수, 신규고객 수와 기존고객 수, 1인당 구매액을 다시 확인하기 바랍니다. 그리고 여기에 비해 현재 매출, 비용, 수익, 예비고객 중 신규고객 비율, 신규고객 수, 기존고객 수, 재방문율, 1인당 구매액도 알아야 합니다. 목표와 현재의 차이가 나는 수치가, 당신의 과제이자 잘되는 가게로 가는 길입니다.

이제는 목표를 언제까지 달성할 것인가를 결정하세요. 너무 무리하게 일정을 잡으면 오히려 동기부여가 되지 않습니다. 반대로 목표를 너무 손쉽게 잡아도 동기부여는 약할 수밖에 없습니다. 조금만 더 노력하면 달성할 수 있을 만큼 기간을 설정하는 게 좋습니다. 이렇게 해서 목표 달성 기준일을 정했다면 다음은 이것을 바탕으로 매월의 목표를 정하세요. 그런데 여기서 중요한 포인트가 세 가지 있습니다.

첫째, 현재를 기준으로 목표 수치를 정하는 게 아니라 최종 목표와 실현일을 기준으로 역산해서 목표 수치를 잡아야 합니다. 현재를 기준으로 계산하면 아무래도 뒤로 미루거나 기일을 연장하려는 유혹에 빠지기 쉽기 때문입니다. 반면에 목표로부터 역산을 하게 되면 단위 기간 내의 달성 목표가 명확해진다는 장점이 있습니다.

둘째, 계절지수를 고려해야 합니다. 어느 업종이든 달마다 매출의 차이가 나기 마련입니다. 음식점이라면 환영 모임이 많은 3월과 4월, 송년회 시즌인 연말의 매출이 평균보다 높습니다. 그런 반면, 2월이나 11월이 매출이 떨어지는 경향이 있습니다. 이처럼 계절에 따른 매출의 변동률을 계절지수라고 합니다. 계절지수의 산출은, 먼저 과거의 연매출을 12개월로 나누어 월평균매출을 구한 다음 그달의 실제 매출을 월평균매출로 나누면 됩니다.

예를 들어 월평균매출이 200만 엔이고 12월 매출이 240만 엔이었다고 합시다. 240만 엔 ÷ 200만 엔 = 1.2가 되는데, 이 수치가 12월의 계절지수입니다. 이 계절지수를 월별 매출 목표에 곱하면 이것이 실제 매출이 되는 것입니다. 따라서, 이 매출 목표를 달성하기 위해 필요한 손님 수를 계산하면 됩니다.

셋째, 각 달의 경비 관리입니다. 지금 당장은 손익분기점에 맞춰 흑자로 전환하기 위해 어느 정도로 매출을 올리면 되는가에 중점을 두고 설명하고 있습니다만, 경비 절감도 결국은 필요합니다. 그런데, 임대료 등의 고정비와 원재료비 같은 유동비는 경비 절감 방법이 다릅니다.

임대료 같은 고정비는 어떻게 줄일 수 있을까. 가장 먼저 사업계획서를 들고 다시 한 번 건물주와 상의하기 바랍니다. 차입금의 변제도 마찬가지입니다. 분명한 수치를 갖고 상대를 설득하는 것입니다. 특히 고정비가 수익성을 압박하는 경우에는 곧바로 교섭을 하는 게 좋습니다. 가게가 망하면 입장이 난처해지는 이는 당신뿐만이 아니니까요. 어떤 식의 협조를 받거나 적어도 당신이 처한 입장에 대해 이해를 구할 수 있습니다.

재료비 등의 유동비는 무리하게 절감할 게 아니라, 평소의 물량을 잘 체크해서 낭비를 줄이는 게 최선입니다. 저는 인건비 또한 유동비의 일종이라고 생각합니다. 그래서 원재료비나 인건비 등 매출에서 다시 빠져나갈 돈은 확실하게 예산을 세워야 합니다.

경비에도 목표가 필요합니다. 매출 목표를 달성하기 위해서 직원들은 몇 명이 필요하고 어느 정도의 인건비가 드는지, 또 원재료비와 판촉활동비는 어디까지 책정하면 좋은지 등 미리 예산을 세움으로써 의식적으로 쓸데없는 지출을 막을 수 있습니다. 예를 들어보겠습니다.

"지금 같아서는 이번 달 재료비가 예상보다 많이 드니 조금이라도 줄일 수 있는 방법을 찾아야지."

"이번 달은 판촉 예산이 조금 남았으니, 또 다른 이벤트라도 하는 게 어떨까."

이처럼 예산을 미리 세워두고 평소 철저하게 관리하면 필요한 경비를 제때에 쓸 수 있습니다. 컨설팅을 처음 받는 가게에 가보면 뭐든 잡비로 처리하는 사장님들이 종종 있습니다. 비록 적은 금액이기는 해도 불필요한 잡비, 사용처가 불분명한 돈은 가급적 없어야만 건실한 재무관리가 가능해집니다.

　사업계획을 세웠다면 직원들과 공유하여 월별 목표, 매일 목표 아래 수치를 관리하면서 필요하다면 그때그때 궤도를 수정하기 바랍니다. 한 걸음 한 걸음 묵묵히 걷는 가운데 가게의 목표는 반드시 이루어집니다. 중요한 것은, 가게의 미래를 위해 지금 무엇을 해야 할까를 늘 고민하고 행동에 옮기는 것입니다. 결코 눈앞의 일만을 보지 않고 미래를 응시하며 시간과 비용의 낭비를 막아야 합니다.

　마지막으로, 다음 페이지에 사업계획의 예를 실었으니 참고하기 바랍니다.

사업계획의 예

목표

먼저 매출 목표를 결정	12월에 10,000,000엔
원가율을 과거 데이터에서 산출	35%
인건비율을 과거 데이터에서 산출	25%
원가 목표	3,500,000엔
인건비 목표	2,500,000엔
임대료	1,000,000엔
기타 경비는 과거 데이터에서 산출	약 1,200,000엔
영업이익	1,800,000엔
월 변제금	약 450,000엔
세전이익	1,350,000엔

현재상황

현재 매출	1월에 5,000,000엔
원가	1,750,000엔
인건비	1,250,000엔
임대료	1,000,000엔
기타 경비	600,000엔
영업이익	400,000엔
월 변제금	450,000엔
세전이익	－50,000엔

과제

올려야 할 매출은 500만엔

1인당 구매액은 5,000엔

고객 수의 차이는 1,000명

1년 동안 손님 수를 배로 늘려야 한다.
즉 1개월에 약 90명을 늘릴 필요가 있다.

계획

현재의 신규고객은 월 100명

재방문율은 30%

월 고정고객 확보는 30명

실객률도 동일하게 30% 정도

이것을 목표로부터 역산하면,

재방문율 60%

실객률을 10% 정도로 줄임으로써 신규고객의 50%를 고정고객으로 만든다.

신규고객을 100~200명 정도 늘릴 방법을 찾는다.

약 100명의 고객이 고정고객이 되므로 목표 달성이 가능해진다.
마지막으로 계절지수를 곱해 실제 월 매출목표를 산출

		1월	2월	3월	4월	5월	6월
목표	매출	5,000,000	5,450,000	5,900,000	6,350,000	6,800,000	7,250,000
	1인당 구매액	5,000	5,000	5,000	5,000	5,000	5,000
	고객 수	1,000	1,090	1,180	1,270	1,360	1,450
	신규고객	100	200	200	200	200	200
	고정고객	900	890	980	1,070	1,160	1,250
	재방문율	30%	50%	50%	50%	50%	50%
	실객률	30%	10%	10%	10%	10%	10%
	계절지수	90.0%	90.0%	110.0%	110.0%	110.0%	110.0%
	반영매출		4,905,000	6,490,000	6,985,000	6,800,000	7,250,000

		7월	8월	9월	10월	11월	12월
목표	매출	7,700,000	8,150,000	8,600,000	9,050,000	9,500,000	10,000,000
	1인당 구매액	5,000	5,000	5,000	5,000	5,000	5,000
	고객 수	1,540	1,630	1,720	1,810	1,900	2,000
	신규고객	200	200	200	200	200	200
	고정고객	1,340	1,430	1,520	1,610	1,700	1,800
	재방문율	30%	50%	50%	50%	50%	50%
	실객률	10%	10%	10%	10%	10%	10%
	계절지수	100.0%	90.0%	90.0%	90.0%	90.0%	110.0%
	반영매출	7,700,000	7,335,000	7,740,000	8,145,000	8,550,000	11,000,000

4장의 정리

경리란 무엇인가?

'경영의 성적표' 같은 것. 이것이 실제 상황과 다르면 가게의 경영 전반이 흔들릴 수 있으므로 주먹구구식 계산은 꼭 피해야 한다.

재무란 무엇인가?

자금뿐 아니라 인재, 재고 등의 경영자원을 어디에 투자해 수익을 낼 것인가를 고민하고 실천하는 경영 행위

재무의 기본을 수행하는 10가지 포인트

① 무엇을 위하여? (신념)

② 목적지는? (목적)

③ 현재 위치는? (현황, 재정상황)

④ 목적지와 현재 위치의 갭은? (과제의 명확화)

⑤ 어떻게 해서? (수단)

⑥ 걸리는 예상시간은? (기간)

⑦ 언제까지? (기한)

⑧ 누구와? (인재)

⑨ 드는 비용은? (경비)

⑩ 도중의 포인트는? (중간목표)

잘되는 가게를 만드는 방정식

전월의 고정고객 수 < 당월의 고정고객 수

제대로 된 매출 방정식

매출 = 실고객 수(기존고객 + 예비고객 × 방문·구매율)
 × 고객 1인당 구매액

1.3의 법칙

- 가격을 올릴 경우 : 원래 가격에 1.3을 곱한 가격보다 낮은 가격으로 책정

- 가격을 내릴 경우 : 원래 가격을 1.3으로 나눈 가격보다 낮은 가격으로 책정

사업계획 작성에서 중요한 3가지 포인트

① 최종 목표에서 역산해서 각 월의 목표 수치를 정한다.

② 계절지수를 고려한다.

③ 비용 부분도 목표에 포함한다.

드림 팀을 구축하는 종업원 채용·활용법

5

가게 안에 드림 팀을 만드는 비결

앞 장까지는 경영자의 의식을 바꿔 경영신념을 정하고 계획을 세우는 방법을 설명했습니다. 그리고 경영수치 관리 방법도 함께 제시했습니다. 그런데 사장이 아무리 노력하고 분발해도 혼자서는 한계가 있습니다. 직원들의 도움이 반드시 필요한 것은 물론이고 부부가 함께 운영하는 가게라면 파트너의 협조를 빼놓을 수 없습니다. 번영하는 가게로 탈바꿈하기 위해서는 가게를 함께 일구어 나갈 드림 팀을 만들어야 합니다. 이를 위해 먼저 자신이 바라는 팀의 이상적인 모습을 명확히 할 필요가 있습니다. 가게를 바꾸기 위해 필요한 바람직한 직원의 모습과 팀의 역할은 무엇일까요?

가게 경영에 있어 드림 팀이란 아래의 5가지 의식을 공유하고 있어야 합니다.

① 동일한 위기의식을 가진 팀
② 공통된 가치관을 가진 팀
③ 직원들 서로 간에 신뢰가 있는 팀
④ 모두가 감사의 마음을 가진 팀
⑤ 목표를 향해 능동적으로 매진하는 팀

이것이 사장과 직원들이 목표로 해야 할 팀의 이상형입니다. 모든 직원들이 이런 마음으로 일해 준다면 비록 적은 인원이라 할지라도 백 명의 직원이 부럽지 않을 것입니다.

사장이 아무리 뛰어난 손님 모으기 능력이 있다고 해도 드림 팀이 갖취지지 않았다면 무용지물입니다. 가게 경영에서 직원은 자동차의 가솔린과도 같습니다. 경영신념과 계획을 세워 자동차 경주에 나섰다면 이제 멋진 주행을 위해서 드림 팀의 존재는 반드시 필요합니다.

그런데 드림 팀은 어떻게 만들면 좋을까요? 여기에는 4가지 중요한 포인트가 있습니다.

① 훌륭한 조직에 걸맞은 직원을 채용한다.
② 직원 모두의 열정을 이끌어낼 동기부여를 마련한다.
③ 어떻게 하면 가게와 자신의 목표를 달성할 수 있는지를 구체적으로 떠올리게 한다.
④ 직원 관리를 제대로 한다.

이상의 4가지 포인트가 드림 팀을 만드는 핵심입니다. 그러면 각각의 포인트에 대해 자세히 설명하겠습니다.

돈을 들이지 않고 우수한 직원을 뽑는 비결

4가지 포인트 중 첫 번째, 우수한 직원의 채용 방법부터 살펴보겠습니다. 스포츠 세계도 그렇습니다만, 어느 팀이든 우수한 선수를 확보하기 위해 매년 막대한 시간과 돈을 투자합니다. 가게 경영도 마찬가지입니다.

우수한 직원을 원하는 건 어느 사장이든 똑같습니다. 그런데 현실은 어떨까요? 우수한 직원을 뽑고 싶어도 채용 광고를 낼 돈이 없거나 어떻게 변통하여 지역 신문이나 생활정보지 등에 공고를 냈다고 해도 좀처럼 마음에 드는 사람을 찾기 어렵습니다. 이런 일들은 비일비재합니다.

광고에이전시에 "마땅한 사람을 구하기가 왜 이리 힘들죠?"라고 물어도 돌아오는 대답은 뻔합니다.

"좀 더 큰 면에 실어야 노출이 되죠."

"몇 번이고 꾸준히 실어야 효과가 있습니다."

하지만 이 말을 곧이곧대로 들어서는 안 됩니다. 대기업이나 대형 프랜차이즈의 채용 지면도 A4 컬러 한 장 정도 크기입니다. 하물며 일반 가게는 말할 것도 없고요. 그 이전에 대기업처럼 광고를 한다고 해도 효과는 없습니다. 가게의 브랜드가 분명하게 자리 잡기 전에는, 우수한 인재들이 당신 가게에서 일하고자 자발적으로 지원할 리가 없으니까요.

그래서 제가 추천하는 방식은, 돈을 들이지 않고 직원을 모집하는 방법입니다. 가장 간단한 방법은 가게의 안과 밖에 채용 안내를 써 붙이는 것입니다. 손으로 써도 상관없습니다. 손글씨 쪽이 더 친근감이 있고 가게의 분위기도 전달될 수도 있으니까요. 147쪽에 있는 예를 참고하기 바랍니다.

당연한 말이지만, 경영자는 물론 가게에서 일하는 직원들이 지원자에게 매력적으로 보여야 합니다. '나도 저렇게 하고 싶다, 저 사람과 함께 일하고 싶다, 내게도 좋은 경험이 될거야.' 이처럼 당신 가게에서 일하는 것의 매력을 사장을 포함해 모든 직원들이 표현할 필요가 있습니다. 그 같은 이유로, 채용 공고에 직원들의 단체사진을 넣는 것도 좋은 방법입니다.

이 정도는 이미 실천하고 있는 가게도 많을 듯한데, 정작 중요한 것은 채용 공고나 안내에 넣을 정보에 있습니다. 단순히 지원조건이나 시급 정도만 기재해서는 당신 가게에서 일하고 싶은 충동은 일어나지 않습니다. 급여나 조건이 아주 좋다면 예외이겠지만 급여는 동종업계가 대부분 비슷합니다. 대우 면에서 다른 가게와 차별화가 어렵다면, 우수한 직원을 뽑기 위해 구인공고에 무엇을 담아야 할까요?

채용 실수를 막는 구인공고 작성법

채용은 대개 면접을 통해 결정하게 됩니다. 그런데 좋은 인재를 뽑기 위해서는 면접에서 보고 판단하면 된다고 생각하십니까? 제 자신도 전에는 그렇게 생각했습니다. 하지만 면접을 보면서 우수한 인재를 가려내기는 매우 어렵다는 게 지금의 제 생각입니다.

짧은 시간 안에 구직자의 소질, 재능을 간파하기란 어렵습니다. 게다가 내 가게에 맞는 적성을 판단하기란 더욱 어렵습니다. 첫인상이 좋아도 일을 하다보면 기대했던 것보다 못한 경우가 많습니다. 여러분도 경험을 통해 잘 알 것입니다. 이것을 채용의 불일치라고 합니다. 이 불일치는 가게를 위해서도 지원자 본인을 위해서도 해가 될 뿐입니다. 유감스런 일이지요.

그래서 우수한 직원을 뽑으려면 면접을 하기 전에, 다시 말해 구인공고를 보는 시점에서 지원자가 자신에게 맞는 가게인지 아닌지를 판단할 수 있게 하는 게 좋습니다. 이를 위해 필요한 정보는 아래의 5가지입니다.

① 가게의 경영신념
② 직원들에 대한 경영자의 약속
③ 당신이 직원에게 기대하는 것
④ 이상의 조건에 맞지 않으면 지원하지 말아달라는 부탁
⑤ 웃는 얼굴로 찍은 직원들의 단체 사진과 실제 현장에서 일하고 있는 모습의 사진

이상의 5가지 정보를 포함함으로써 채용의 불일치는 상당 부분 막을 수 있습니다. **지원자가 가게를 선택하는 게 아니라, 가게가 지원자를 선택한다는 자세가 중요합니다.** 여기까지 밝혀준다면 일을 찾는 사람의 입장에서도 안심하고 믿음이 갈 것입니다.

채용 공고를 홍보용 전단지에 넣어서 손님들에게 나눠주는 것도 효과적입니다. 손님의 가족이나 지인 등 주위에 소개할 곳이 있을지도 모르기 때문입니다. 홍보용 전단지에 구인 공고가 있으면 자연히 눈이 더 가게 되는 장점도 있습니다. 게다가, 사장과 직원들이 함께 일하는 가게라는 인상을 주는 것도 하나의 목적입니다. 채용 전단지가 브랜드 구축에도 도움이 되는 것이니, 일석이조가 아닐 수 없습니다. 손으로 쓰기 때문에 비용도 거의 들지 않으니 꼭 시도해 보시기 바랍니다.

채용의 불일치를 막는 전단지의 예

창업 멤버를 찾습니다
미나미호리에 Daddy, Good Luck 오픈!!

네일아트를 좋아하고 사람을 좋아하고 멋진 친구를 좋아하는 사람을 찾아

네일아트를 통해 아름다움, 친근하고 편안한 치유의 공간을 제공한다

✖ 사장님의 한마디
새로운 숍을 처음부터 함께 만들어갈 파트너를 찾고 있습니다.
진취적이고 프로 의식을 지닌 네일 아티스트 여러분을 기다립니다.

✖ 직원 여러분께 드리는 약속
네일아트를 사랑하는 분들이 성장할 수 있는 장소와 환경을 만들어드립니다.

✖ 직원 여러분께 드리는 부탁
미용과 네일아트야말로 나의 천직, 행복이라고 느끼는 분만 지원해 주세요.

지원 방법
- 네일 아티스트 ○명 모집
- **지원조건** : 네일아트 자격증을 소지하고 실무 경험이 있는 자
- **휴일** : 월 7회(매주 화요일 + 월 3회 휴무)
- **근무지** : 오사카시 니시구 미나미호리에 1-14-17 REGO 2F
- **근무시간** : AM 10시~PM 7시(요일에 따라 달라요~)
- **급여** : 160,000엔~180,000엔
   (경력에 따라 다르며 면접시에 확정) + 보너스

궁금한 게 있으면 언제든 연락주세요. tel.×××-×××× mail. info@daddy-gl.com
오사카 미나미호리에 네일숍 Daddy, Good Luck. http://www.daddy-gl.com

면접에서 중요한 2가지 포인트

채용을 위한 면접을 할 때에 당신은 지원자의 어떤 면을 주로 보세요? 외모, 성격, 숙련 정도, 말투, 분위기 등등 다양한 관점에서 함께 일할까를 판단할 것입니다. 그런데 대부분의 가게에서는 여기서 한 가지 문제가 발생합니다.

"우리 가게에 정말 딱 맞는 사람입니다!"

이렇게 말할 수 있는 사람을 면접에서 만난 적이 있나요? 유감스럽게도 처음부터 아주 뛰어난 솜씨를 지닌 사람이 갑작스레 당신 가게를 찾을 확률은 아주 희박합니다. 뛰어난 사람은 여기저기서 끌어가려는 법입니다. 게다가 그런 사람은 내 가게에서는 부담스러울 정도의 대우를 받고 있습니다. 만약 그 같은 사람이 나타났다면 그야말로 진흙 속의 진주를 찾은 것이겠지요. 그만큼 좋은 사람을 만나기 어렵다는 말입니다.

그렇기 때문에 면접에서는 지원자의 소질, 잠재력을 간파할 수 있어야 합니다. **잠재력이란 그 사람이 성장할 가능성, 말하자면 '앞날이 기대되는 재목'을 가려내는 일입니다.**

채용에서 타협은 그다지 권하고 싶지 않습니다. 아르바이트라고 해서, 마땅한 사람이 없다고 해서 혹은 지금 당장 급하게 일손이 필요하다고 해서 적당히 타협해 사람을 뽑으면 팀 운영에 나쁜 영향을 미치게 됩니다. 결국 단기간에 그만두거나 가게 내에서 문제를 일으켜서 채용을 후회하게 만드는 일이 정말 많습니다. 소규모 가게의 채용에서 중요한 것은 다음 두 가지입니다.

① 소질을 간파하기

② 타협하지 않기

　이 두 가지로 충분합니다. 그러면 면접에서 지원자의 잠재력을 간파하기 위해 체크해야 할 항목에 대해 알아보겠습니다.

진흙 속의 진주를 찾아내는 면접 평가서

　채용에서 가장 중요한 질문은 다음 5가지입니다. 이 질문에 대해 어떤 대답이든 제대로 대답할 수 있는 사람은 꽤 유망하다고 보시면 됩니다.

① 가게의 경영신념을 보면서 어떤 생각이 들었습니까?

　이 질문은 지원자가 가게의 경영신념을 읽고 공감하고 있는지를 확인하기 위한 것입니다. 물론 면접에 와서 나쁘게 말할 사람은 없겠지만, 그다지 흥미를 보이지 않거나 읽지 않은 사람은 주의해야 합니다.

② 면접을 위해 어떤 준비를 하고 왔습니까?

　이 질문은 지원자의 준비성을 판단하기 위해 매우 중요합니다. 함께 일하는 경우에 가장 요구되는 덕목이 바로 준비성입니다. 가게를 미리 둘러보았거나 경영신념을 외웠다거나 면접 10분 전에 도착할 수 있도록 지도를 확인해 보고 왔다는 등 어떤 준비를 하고 왔다면 OK입니다. 아무런 대답도 하지 못하고 "그냥…."이라고 대답한다면 가게에서 일을 하더라도 아무런 준비도, 주장도 기대하기 어렵습니다.

③ 부모님은 어떤 일을 하고 계세요?

이것은 지원자가 어려서부터 어떤 환경에서 자랐는지를 확인하기 위한 질문입니다. 회사원이든 자영업이든 어떤 특정한 직업이 좋다는 게 아닙니다. 자영업의 경우라면 리더가 될 소질을 엿볼 수 있을 것이고 회사원의 자녀라면 유능한 조력자의 소질을 기대할 수 있을 것입니다. 일괄적으로 말할 수는 없으니 어디까지나 판단기준의 하나로 받아들이기 바랍니다.

④ 여기에서 일하게 된다면 가게에는 어떤 이점이 있을까요?

이 질문은 지원자의 활용 가치를 확인하기 위한 것이 아닙니다. 지원자가 자신을 얼마나 객관적으로 파악할 수 있고 '어떻게 하면 상대에게 도움이 될까'를 사고할 수 있는지를 보기 위해서입니다. 대부분의 경우 "열심히 하겠습니다.", "최선을 다 하겠습니다." 등으로 대답할 것입니다. 이 질문에 "제가 여기서 일한다면 손님들의 미소가 늘 것입니다.", "동료 직원들에게 활력이 될 것입니다.", "일터에 웃음꽃을 피우겠습니다!" 등으로 답할 수 있는 사람이라면 기대해도 좋습니다.

⑤ 장래 희망은 무엇입니까?

어쩌면 이 질문이 가장 중요할지도 모릅니다. 앞에서 설명했듯이 직원은 '가게를 위해' 그리고 '자신을 위해', 이 2가지 목적이 겹치는 경우에 동기부여가 되어 열심히 일하게 됩니다. 자신의 꿈을 이루기 위해 이 가게에서 일하는 것이 반드시 플러스가 된다. 본인이나 사장이 이렇게 확신할 수 있어야 합니다. 만에 하나 당장의 꿈이 없다고 하더라도 지금 찾고 있는 중이라면 문제는 없습니다. 다만 꿈이나 목표에 전혀 흥미가 없다면 손쉽게 부릴 수는 있어도 나중에 팀을 이끌어나가기는 어렵습니다. 이 경우라면 채용을 유보하는 게 낫습니다.

그 밖에도 확인해야 될 사항은 많습니다. 자취를 하는지, 가족과 함께 사는지, 대우에 문제는 없는지, 일할 수 있는 시간대, 교통비 등입니다. 인성을 확인하는 질문으로는 성취욕을 느꼈던 경험이나 이 업종에 대한 평소의 생각, 누구에게도 지지 않을 특기 등등이 있을 것입니다.

다음 페이지에 채용을 위한 면접 질문 리스트를 실었으니 참고하기 바랍니다.

어느 사장에게나 면접은 어려운 법입니다. 짧은 시간 내에 면접자를 속속들이 알기 위해서는 그 분야의 전문적인 경험이 필요할 수도 있습니다. 그래서 사장 혼자 결정할 게 아니라 현재 일하고 있는 직원들에게도 면접 내용을 들려주어 직원들 모두가 채용 여부를 결정하는 방법도 생각해 볼 수 있습니다. 함께 일하는 직원들이 선호하는 사람이 가장 좋은 적임자일 수도 있으니까요.

면접시 질문 리스트

● **면접 주안점**

가게의 업무를 잘 수행할 수 있는지를 가늠하는 것이 중요합니다.
면접 시에 아래 사항을 중점적으로 체크하기 바랍니다.

1. 주위 사람을 배려할 수 있는가?(밝고 상냥한가)
2. 일을 척척 해낼 수 있을 것인가?(업무에 적극적으로 임할 것인가)

3. 손님에게 좋은 인상을 줄 수 있는가?(어두운 느낌은 들지 않는가)

● **면접 요령**

1. 편안하게 대하고 이야기하기 좋은 분위기를 만든다.
2. 일상적인 일 등 가벼운 화제부터 시작한다.
3. 가급적 지원자에게 말을 많이 하게 하고 질문자는 듣는 역할에 충실한다.
 "~에 대해 어떻게 생각합니까?", "어떻게, 왜, 그렇게 생각하나요?" 등으로 질문한다.
4. 상대의 대답뿐 아니라 존댓말 사용, 어투 등에도 주의를 기울인다.

● **중요한 질문**

① 가게의 경영신념을 보면서 어떤 생각이 들었습니까?
② 면접을 위해 어떤 준비를 하고 왔습니까?
③ 부모님은 어떤 일을 하고 계세요?
④ 여기에서 일하게 된다면 가게에는 어떤 이점이 있을까요?
⑤ 장래 희망은 무엇입니까?

● **면접 질문 항목과 주의점**

1. 업무 태도를 판단하는 질문

a. 예전에 했던 일이나 아르바이트 경험은?
b. 특별한 업무를 맡았던 경험은? 자신 있는 분야는?
c. 일을 잘했다고 생각하는가? 다른 사람과 비교해 어땠는가?
d. 업무로 성취욕을 느낀 적이 있는가?

2. 하고자 하는 의욕을 판단하는 질문

a. 지금까지 일이나 학창 시절 경험 중에 가장 기뻤던 일이나 좋아했던 것은?

b. 학창 시절 특별활동이나 아르바이트 경험이 없는 사람에게는 그 이유를 묻는다.

c. 왜 우리 가게에서 일하고 싶은가?

3. 조직 적응력을 판단하는 질문

a. 예전 직장에서 갑자기 업무 내용이나 담당자, 스케줄이 바뀌는 경우에 어떻게 받아들였는가?

b. 그럴 때에 자신은 어떻게 대처했는가?

4. 업무 스케줄에 관한 질문

a. 하루에 몇 시간 일할 수 있는가?

b. 1주일에 며칠 일할 수 있는가?

c. 오전 타임과 오후 타임 중 어느 쪽이 편한가?

5. 면접 태도의 판단

a. 첫인상은 좋은 편인가?

b. 눈을 마주 보면서 설명을 잘 듣고 있는가?

c. 복장, 옷매무새는 단정한가?

● **기타 유용한 질문**

1. 현재 하고 있는 친목 활동이나 취미는 무엇인가?

2. 지금까지 어떤 아르바이트를 한 적이 있는가? 그만둔 이유는?

3. 언제까지 일할 수 있는가?

4. 출퇴근하는 데 문제는 없는가?

5. 시간 약속은 잘 지키는가?

6. 잔업이나 휴일 근무 등 급하게 일해야 되는 경우가 있다면 어떻게 하겠는가?

7. 주부의 경우, 가족의 협조와 스케줄에는 문제가 없는가?

8. 자취하는가, 가족과 함께 사는가?

9. 이 업종에 대한 이미지는?

● **면접의 성공 포인트**

1. 면접은 경영자와 점장이 함께 실시한다.

2. 지원자는 손님이라는 점을 잊지 않는다.

3. 지원서는 모두 접수해 선택의 폭을 넓힌다.

4. 지원자에게는 반드시 감사의 인사를 전한다.

'열심히 해'라는 말만으로
열심히 일하는 직원은 없다

드림 팀에 필요한 직원 채용이 끝났다면 팀의 운영에 대해 고민해야 합니다. 가게에서 일하는 직원들을 떠올려 보기 바랍니다. 몇 번이고 말하지만 잘되는 가게를 만들기 위해서는 함께 일하는 직원들의 협조가 절대 필요합니다. 부부가 함께 일하는 경우에도 파트너의 도움 없이 가게를 바꾸는 것은 불가능에 가깝습니다. 그런데 현실은 어떤가요? 사장과 종업원의 관계는 본디 어려운 측면이 있습니다. 사장은 직원의 마음을 모르고 직원들 또한 사장의 어려움을 보지 못합니다. 이러한 벽은 어느 가게든 있기 마련입니다.

이 벽을 해소할 방법은 없을까요?

먼저 경영자의 고민은 조직과 손님 모으기로 요약된다고 설명했습니다. 생각나십니까? 말 그대로 조직의 문제가 해결되면 경영의 고민은 절반이 해결된 거나 다름없습니다. 매력적이고 유능한 직원을 당신 가게에서 일하게 하려면 당연히 가게나 사장인 당신이 먼저 매력적이어야 합니다. 이것을 명심하고 아래의 말을 봐주세요.

"직원들이 말을 듣지 않아."
"직원들이 마음처럼 움직여주지 않아."
"직원들이 멍청한 것들뿐이야."
"직원들이 금세 그만둬."

이 같은 푸념을 한번쯤은 입에 담은 적이 있을 것입니다. 그런데 푸념을 하면서, 왜 직원들이 그런 상태가 되었는지 진지하게 고민해 본 적이 있습니까?

직원들에게는 경영자의 경험이 없습니다. 당신의 어려움을 처음부터 이해할 도리가 없습니다. 바로 이 점이 직원을 고용할 때의 대전제입니다. 반면에 사장인 당신은 다릅니다. 지금은 사장이지만 전에는 직원으로 일한 경험이 많을 것입니다. 그때의 일을 떠올려 보기 바랍니다.

직원들은 왜 열심히 일하지 못하는 걸까요? 직원 때의 마음으로 돌아가 생각해 보면 '열심히 하라는 말만으로 열심히 일할 직원은 없다'는 현실을 깨달을 수 있을 것입니다.

저는 가게의 컨설팅을 처음 시작할 때, 제일 먼저 직원들 하나하나를 면담해 속마음을 듣습니다. 이 같은 경험이 쌓이면서 직원들이 열심히 하지 않는 이유를 명확하게 알 수 있었습니다. 아래와 같은 경우입니다.

- 무엇을 위해 일하는지 모르면 열심히 하지 않는다
- 무엇을 하면 좋을지 모르면 열심히 하지 않는다
- 정당한 평가를 받지 못하면 열심히 하지 않는다
- 어디까지 하면 좋을지 모르면 열심히 하지 않는다
- 억지로 떠맡은 일은 열심히 하지 않는다
- 때로 꾸짖지 않으면 계속해서 열심히 하지 않는다

반대로, 이 같은 '열심히 하지 않는 이유'를 모두 해결하면 직원들은 열심히 일하게 됩니다. 그러면 열심히 일하지 않는 이유에 대한 해결책을 차례차례 살펴보겠습니다. 드림 팀을 만들기 위해 꼭 짚고 넘어가야 하는 부분입니다.

이유 ❶

무엇을 위해 일하는지 모르면 열심히 하지 않는다

　사람은 사명감을 느낄 때 비로소 의욕이 샘솟는 법입니다. 직원과의 관계로 말하자면, 가게의 경영신념에 따라 직원들 각자의 역할이 명확하고 그 일을 함으로써 자신이 가게와 사회에 기여한다는 느낌을 갖는 것이 중요합니다. 이를 위해 아침조회와 종례 때에 직원들 모두가 신념을 복창하고 그것을 위해 오늘은 무엇을 할까, 무엇을 할 수 있을까 등을 확인하기 바랍니다. 정사원이든 아르바이트든 상관없습니다. 직원들 모두에게 경영신념을 전달하기 위해서는 누구든 예외를 두어서는 안 됩니다.

　다음으로 중요한 것은 가게의 목표 달성이 직원들 각자의 꿈을 이루는 데 도움이 된다는 사실을 모두가 인식해야 합니다. 직원들은 가게를 위해 열심히 일하라고 해도 좀처럼 따라주지 않습니다. 자신에게 지금의 경험이 도움이 된다고 느껴지지 않는 한, 그들은 최선을 다하지 않습니다.

　그러므로 먼저 경영자인 당신이 직원들 모두의 꿈과 목표를 알고 있어야 합니다. 이 때문에 저는 컨설팅을 하면서 직원들 모두와 면담합니다. 비록 그 직원의 꿈이 현재의 일과 관계없다고 해도 팀워크나 커뮤니케이션, 목표를 달성하려는 경험이 언젠가는 그 직원에게 도움이 된다는 점을 충분히 주지시키기 바랍니다.

　다음 페이지에 직원들과 면담할 때 도움이 될 면담 양식을 실었으니 참고하기 바랍니다.

직원 면담 양식

●기본 프로필

이름		성별	남 · 여	연령	
별명		근무기간		업무경력	
출신지		직책		결혼	기혼 · 미혼
기타, 특기사항					

●면담 내용

	면담 항목	면담 내용
1	직원의 성장과정과 지금까지의 업무경력 등	
2	왜 이 가게에서 일하게 되었는지 그 경위 등	

●면담 내용

	면담 항목	면담 내용
3	장래의 비전. 장래 무엇이 되고 싶고 어떤 것을 하고 싶은가	
4	왜 그렇게 되고 싶은가	
5	• 가게의 문제점 • 불만사항 • 개선해야 할 점	
6	경영자에게 바라는 것	
7	가게 내 대인관계에 관하여	
8	기타(가게 분위기, 업무 만족도 등)	

이유 ❷

무엇을 하면 좋을지 모르면 열심히 하지 않는다

　이것은 '열심히 하라는 말만으로 열심히 일할 직원은 없다'는 것을 상징적으로 나타내는 이유입니다. 단순히 하란다고 해서 사람은 움직이지 않습니다. 당연한 말처럼 들리지만, 이 말의 참뜻은 '단순히 업무 내용을 제대로 지시하라'는 것이 아닙니다.

　'피라미드의 돌'이라는 유명한 이야기가 있습니다. 피라미드를 만들기 위해 돌을 옮기는 두 명의 노동자가 있었습니다. 한 명은 자신이 단순히 거대한 돌을 옮기는 노동자라는 생각으로 일합니다. 다른 한 명은 위대한 왕의 무덤을 만들기 위해 돌을 옮긴다고 믿으며 일합니다. 결론을 말하자면, 이 두 사람의 동기부여는 하늘과 땅 차이입니다. 더욱이 그 돌이 왕의 무덤의 어느 부분을 지탱하는가를 아는 노동자라면, 동기부여는 더욱 클 것입니다. 자신의 역할이 어떻게 도움이 되는지를 명확하게 알기 때문입니다.

　이처럼 단순히 업무지시를 할 게 아니라, 무엇 때문에 그 일을 하고, 언제까지, 어떤 성과를 기대하는지를 직원들에게 분명하게 전할 필요가 있습니다. 그 업무가 목표를 이루기 위해 얼마나 중요한지를 알려주는 것입니다. 직원들이 이 점을 분명하게 이해한 다음에, 업무지시를 구체적이고 알기 쉽게 내리기 바랍니다. 야마모토 이소로쿠(태평양 전쟁에 반대하면서도 진주만 공격을 이끌었던 해군 연합함대 사령장관. 당시 해군 군부 내에서 가장 합리적인 판단력을 가진 인물로 평가받고 있다.) 해군 대장의 말 중에 다음과 같은 것이 있습니다.

"행동으로 보이고, 말로써 이해시키고, 시켜 보이고, 칭찬하지 않으면 사람은 움직이지 않는다."

예를 들어, 요리를 접시에 담는 법이나 매장의 모범적인 청결 상태를 사진으로 찍어 보여주면서 업무를 지시하는 가게가 있습니다. 스스로 모범을 보이고, 의미를 제대로 이야기하며, 시켜 보고, 칭찬을 합니다. 끈기가 필요하겠지만, 이렇게 배운 직원들은 나중에 후배가 오더라도 똑같은 방식으로 가르치게 될 것입니다.

덧붙여, 이 같은 '열심히 하지 않는 이유'를 해결하기 위해서는 직원들이 자기 스스로를 신뢰해야 합니다. '할 수 있지 않을까'라는 자신감은 스스로를 믿는 가운데 싹트게 됩니다. 이 믿음은 곧 '자신의 성공을 믿는 힘'입니다. 이 힘을 기르기 위해서는 성취감을 반복적으로 느끼게 해줘야 합니다. 작은 목표의 달성을 통해 몇 번이고 칭찬을 들으며 목표를 향해 한 걸음 한 걸음 나아갈 때 '나도 할 수 있다'라는 에너지가 솟구치는 것입니다.

저는 이것을 '대단해 법칙'이라고 부릅니다. **작은 목표라도 되풀이하여 달성하도록 하고 그때마다 "대단해!"를 외쳐 준다면 그 사람은 틀림없이 성장합니다.** 큰 성공 1번보다 작은 성공 100번이 낫습니다.

이유 ❸
정당한 평가를 받지 못하면 열심히 하지 않는다

　아무리 열심히 일해도 자기에게 구체적인 이득이 없으면 직원은 고민을 하게 됩니다. 경영신념 만들기, 가게와 직원의 목표의 일치, 그 다음은 적절한 평가입니다. 그 다음은 말만으로 해서는 직원들이 알아주지 않습니다. 인센티브 또는 보너스가 뒤따라야 합니다.
　목표를 달성했을 때에는 반드시 보너스를 챙기십시오. 금전으로 주어도 좋고 직원 여행 또는 다른 여러 형태를 생각할 수 있습니다. 여유가 있다면 급여를 올릴 수도 있겠지만 이 방법에는 다소 의문이 남습니다. 사람은 급여가 올라간 순간에는 기뻐서 동기부여도 높아지지만 이것이 차츰 당연한 것처럼 여겨져 결국 동기부여는 지속하지 않습니다. 일하는 기간 동안 조금씩 급여를 올리는 방법도 필수조건이기는 하지만 목표 달성시에는 직원 전원에 대한 보너스가 필수입니다. 그것과 동시에 MVP상 등을 정해 개인에게 포상을 해도 좋습니다. 직원들과 함께 MVP를 결정해도 재미있을 것입니다.
　어떤 포상이 직원의 동기부여를 올릴 것인가를 판단하는 것도 경영자인 당신의 능력입니다. 직원들에게 그것을 보여주세요.
　그리고 정당한 평가를 하는 것도 중요하지만, 일을 정당하게 맡기는 것도 직원의 동기부여 유지에 중요한 요인입니다. 언제까지나 똑같은 일만 하게 하는 것만큼 동기부여를 떨어뜨리는 이유는 없습니다. 사장님들이 흔히 말하는 "요즘 젊은 애들은 인내력이 없어." 같은 불만도 같은 일을 계속 시키는 게 원인이 되어 발생하는 문제일지 모릅니다. 이 문제의 본질은 직원 스스로 자신의 성장을 느끼지 못한다는 데 있지 않을까요? 아무리 시간이 흘러도 똑같은 수준의 일을 맡길 게 아니라, 조금씩 업무 수준을 높여 주는 게 중요합니다.

반면에 갑자기 높은 목표를 밀어붙이는 것도 역효과를 가져옵니다. 지레 포기하게 되면 동기부여는 전혀 오르지 않습니다. 조금만 힘을 쓰면 닿을 수 있을 정도의 목표를 설정하기 바랍니다. 그런 다음 서서히 목표를 올리는 것입니다. 그렇게 함으로써 직원들은 자신의 성장을 느끼면서 수준이 향상될 수 있습니다. 또 3개월에 한 번 정도 직원을 평가하는 기회를 갖고 그 성장을 확인하십시오. 이때는 정당하고 공평한 평가를 유념해야 합니다. 기본이 되는 평가항목은 이 장의 마지막에 실었으니 참고하기 바랍니다.

이유 ❹
어디까지 하면 좋을지 모르면 열심히 하지 않는다

목표와 기한이 명확하게 설정되어 있지 않기 때문에 생기는 문제입니다. 말하자면, 마라톤 선수가 결승점이 어딘지도 모르는 상태입니다. 어디까지 뛰어야 하는지를 모른다면, 이건 이야기가 되지 않습니다.

해결책은 4장에서 계획한 목표를 직원 모두와 함께 공유하는 것입니다다. 그러면서 직원 스스로의 목표도 정하십시오. 이때 중요한 것은 기한을 분명하게 정하는 것입니다. **가게 경영에서 '기한이 없는 목표'는 아무 것도 하지 않는 것과 같습니다.** 가게의 목표와 직원의 목표를, 경영자를 비롯해 직원들 각자가 의식하고 격려하는 가운데 앞으로 나아갈 수 있습니다.

또한 이런 문제는 목표를 향한 스케줄이 명확하지 않은 것도 원인의 하나입니다. 가게에서 내건 목표, 직원이 내건 목표에 대해 어느 시기에 어떤 시책을 써서 얼마만큼 성과를 낼 것인가. 시책 하나하나의 성공 이미지를 직원들이 선명하게 가지는가가 관건입니다. 이 이미지는 성공의 계단을 한 단계 한 단계 오르는 이미지입니다. 요컨대 시기에 대한 문제는, 결과에 대한 목표뿐 아니라 평소의 행동에도 목표를 부여함으로써 해결할 수 있습니다.

'직원 개인이 목표를 세워 스스로의 행동을 되돌아보고 개선한다.' 이를 위해서는 매달 한 번씩 직원 모임을 갖고 그달의 평가를 직원 스스로가 하고 다음 달 목표를 세우는 기회를 가지는 게 좋습니다. 다음 페이지에 직원용 자기평가서를 실었으니 이것을 참고로 자기를 관리하는 습관을 들이도록 해보십시오.

이 자기평가서에는 개별 직원의 연간목표와 당월목표 그리고 그 평가를 점수로 기입합니다. 그런 다음 결과를 스스로 확인하고 다음 달의 목표와 목표 달성에 필요한 조치를 세 가지 이상 적도록 합니다. 마지막으로, 서로 발표를 해서 직원들끼리 목표를 관리할 수 있도록 하면 됩니다.

직원용 자기평가서

성명
_____
직책
_____

○월 자기평가서

1. 올해의 목표를 적기 바랍니다.

2. ○월의 자기목표를 적기 바랍니다.

3. ○월을 되돌아보고 평가를 한다면 몇 점?(100점 만점 중)

4. 그 이유는 무엇입니까?

5. 다음 달의 목표를 적기 바랍니다.(수치를 사용해 구체적으로)

6. 그 목표를 위해 어떤 노력이 필요합니까?(3가지 이상)

이유 ❺
억지로 떠맡은 일은 열심히 하지 않는다

 자신감을 갖고 일하는 직원의 의욕을 한순간에 날려버리는 경영자 최악의 행동이 있습니다. 그것은 명령입니다.
 "잔말 말고 시키는 대로 해!"
 실로 최악입니다. 사장으로서 그렇게 말하고 싶은 심정은 이해합니다. 하지만 이 말 하나로 지금까지의 노력이 물거품이 됩니다. 직원이 개인의 의견을 내는 것은 가게가 그에게 소중한 공간이기 때문입니다. 이렇게 말한 시점에서 그 직원은 두 번 다시 가게를 위해 무언가를 해보려고 하지 않습니다. '하라는 것만 하자'는 식의 되어 버리지요.
 가게의 주인의 일은 일방적으로 명령을 내리는 역할이 아닙니다. 일을 결정하고 판단할 때에 현장 직원들의 의견을 듣고 현장의 상황을 파악하는 것이 중요합니다. 대답이나 시책에 정답이 있더라도 그것을 막무가내로 밀어붙여서는 안 됩니다. 직원들이 주체성을 갖고 생각하도록 해야 합니다. 직원이든 아르바이트든 관계없이, 가게를 성장시키기 위해 자발적으로 의견을 낼 수 있는 분위기를 만드는 것이 경영자의 역할입니다.
 사장님들의 의견을 들어보면 아르바이트의 의견을 무시하는 경향이 있습니다. 그런데 아르바이트의 의견만큼 도움이 되는 충고도 없습니다. 가게의 경영자나 점장, 직원은 업무경력이 오래돼서 손님의 생각과 어긋나는 경우가 많습니다. 자기 입장에서만 보게 되는 것이지요. '업계의 상식은 세상의 비상식'이라는 말이 있듯이, 그 업계를 잘 알고 있기 때문에 오히려 보이지 않는 것입니다.

그와는 반대로 아르바이트는 손님과 가장 가까운 존재입니다. 그들의 의견에는 가게 개선의 힌트가 숨겨져 있습니다. 여기에 귀를 기울여야 합니다. 게다가 아르바이트가 의견을 낼 수 있는 가게는 희망적입니다. 컨설팅을 해준 어느 가게에서 아르바이트 직원이 사장에게 주의를 주는 모습을 본 적이 있습니다. 미용실이었는데, 미용사 겸 사장인 주인이 손님을 꽤 오랜 시간 동안 기다리게 했던 것입니다. 손님의 응대를 해야 하는 사람은 그 아르바이트였고요. 아르바이트는 이래서는 안 되겠다 싶어 사장에게 말했고 여기에 대해 사장님은 바로 사과했습니다.

바람직한 모습입니다. 사장이 언제나 뛰어나고 옳지는 않습니다. 경영자도 잘못을 저지를 수 있습니다. 중요한 것은 가게의 경영신조에 비추어 잘못된 것은 잘못되었다, 옳은 것은 옳다고 말할 수 있는 현장 분위기입니다.

상대의 의견을 존중하고 서로 의견을 자유롭게 낼 수 있다면 직원들은 경영에 참여하고 있다는 의식을 갖게 됩니다. 이것이 직원들의 주인의식, 자발성, 책임, 동기부여를 높여 성과를 이끌어내는 동력이 되는 것입니다.

이유 ❻
때로 꾸짖지 않으면 계속해서 열심히 하지 않는다

앞에서 직원들의 의견에 경청하라고 했습니다. 그런데 직원들의 불평이나 불만의 도가 지나치게 되면 이것도 큰일입니다. 경영자는 직원들의 말이 의견인지, 불만인지를 판단할 수 있어야 합니다. 의견이라면 받아들이고 검토해야지요. 반면 그 발언이 불만에 그치는 것이라면 단호하게 꾸짖고 생각을 바로잡아 주어야 합니다.

의견과 불평의 경계는 어중간한데, 여기에도 경영신념이 도움이 됩니다. 당신의 가치관이 아니라 경영신념에 어긋나는 것이라면 불평, 경영신념에 맞으면 의견으로 보면 됩니다. 좀 더 간단하게 말하자면, 가게를 개선하고 싶은 의도에서 나온 발언은 의견입니다. 하지만, 자신을 중심에 두고 하는 발언은 불평에 가깝습니다.

의견과 불평의 차이를 알자

대전제 의견과 불평의 경계는 경영신념에 비추어 옳은지 그른지를 보고 판단한다.

의 견 ┈┈▶ 받아들여 가게 경영에 반영한다.

불 평 ┈┈▶ 진지하게 꾸짖으면 결국 직원 만족도는 높아진다.
- 불평을 그대로 두게 되면 불평불만이 점점 늘어나 가게의 위기를 초래한다.

여기에 한 가지 사례가 있습니다. 직원들의 발언은 뭐든 의견으로 받아들이고 그들의 불만을 해소하기 위해 가게를 바꾸었던 피부관리숍이 있었습니다. 작은 불만을 들어주게 되면 다음 번 불만은 차츰 커지게 마련입니다. 직원들의 불평이나 불만을 해결해 주기 바빴던 이 가게는 결국 어떻게 되었을까요? 끊임없이 쏟아져 나오는 불만을 미처 다 해결하기도 전에 직원들은 모두 그만두었습니다.

왜 이런 일들이 일어날까요?

'고객만족보다 먼저 직원의 만족을!'

컨설턴트가 자주 입에 담는 말입니다. 이 말은 어디까지나 사실입니다. 손님을 응대하는 직원이 즐겁게 일하고 환경에 만족하지 않으면 손님에게도 즐거움이나 만족을 줄 수 없기 때문입니다. 하지만, 진정한 만족은 요구를 모두 들어주어야 실현되는 게 아닙니다. 직원들의 진정한 만족은 나를 위해 꾸짖어 주고, 잘못된 것은 바로잡아 줄 때, 그 같은 동료와 함께 일함으로써 주어집니다.

직원의 불평이나 불만을 듣게 되면 바로 꾸짖으십시오. 이것이 가게를 위하고, 경영자인 당신을 위하고, 결국 직원 개인을 위하는 길입니다. 불평불만은 새는 돈과도 같습니다. 처음에는 작은 구멍도 시간이 지남에 따라 점점 커져 막을 도리가 없어집니다. 용기를 내서 직원들을 꾸짖기 바랍니다. 이것을 할 수 있느냐 없느냐가, 잘되는 가게로 가기 위한 또 하나의 분수령입니다.

직원조회가 있으면 사장이 없어도
가게는 돌아간다

여기서는 자동차로 말하면 엔진에 해당하는 직원들의 동기부여에 대해 설명하겠습니다. 덧붙여 직원의 관리방법에 대해서도 실무를 중심으로 전하고자 합니다. 직원 관리는 이 또한 자동차로 말하면, 핸들과 엑셀, 브레이크에 해당합니다. 직원 관리가 제대로 되지 않는다면 핸들이 말을 듣지 않는 폭주 자동차와 다를 바 없습니다.

먼저, 아침조회와 종례는 필수입니다. 이것을 제대로 하지 않는 가게치고 잘되는 가게를 거의 보지 못했습니다.

아침조회에서는 경영신념의 확인과 그날의 업무 목표를 확인합니다. 종례에서는 그날의 목표 달성률과 반성, 개선해야 할 사항, 문제점 등을 짚고 넘어갑니다. 이것이 조회와 종례의 기본입니다만, 그 밖에도 추천하고 싶은 영화, 읽은 책의 감상 발표도 감성과 가치관의 공유가 되므로 시도해 볼 만합니다.

아침조회와 종례

● **아침조회**

언제 시작할까?		매일 아침 영업 시작 30분 전
진행		직원들이 번갈아가며 주관
회의 내용	경영신념 복창	직원 전원
	그날의 목표 전달	점장
	개인 목표 발표	직원 전원
	1분 토크(일상, 영화, 책 등)	순번 직원
	회의 정리	담당직원
소요시간		20분

● **종례**

언제 시작할까?		영업 종료 직후
진행		직원들이 번갈아가며 주관
회의 내용	개인 목표 달성 상황	직원 전원
	가게 목표 달성 상황	점장
	성과 요인과 실패 요인	직원 전원
	업무일지 작성, 익일 목표설정	직원 전원
	회의 정리	담당직원
소요시간		20분

또 하나 중요한 게 있습니다. 조회와 종례의 주관은 사장이 아니라 직원들에게 맡겨야 합니다. 하루씩 사회를 돌아가며 보도록 해서 경영자가 아닌 직원이 회의의 주도권을 갖게 합니다. 권한을 위임하는 것입니다. 경영자인 사장이 항상 옆에 있다면 직원들은 위축되어 주체성을 상실할 우려가 있습니다. 사장인 당신이 없어도 가게가 잘 운영될 수 있는

기반을, 지금부터라도 만들기 바랍니다.

그리고 가게에서 일어난 문제나 해프닝은 가급적 그날에 모두 해결하는 게 좋습니다. 큰일이라면 직원들 모두가 기억하겠지만 사소한 일은 바쁜 와중에 잊어버리기 십상이기 때문입니다. 사소하지만 해결해야 하는 문제는 그때, 그 장소에서, 곧바로 적도록 하십시오. 가게 안에 기록과 전달용 노트를 준비해 문제점과 과제, 아이디어 등을 직원들이 기록할 수 있도록 하는 것도 좋습니다. 구시대적인 방법이기는 해도 문제점을 개선하는 데에는 이 노트가 효과적입니다. '그날의 문제점은 그날 중에!'는 가게 경영의 철칙 중 하나입니다.

경쟁 가게에 직원을 데리고 가라

직원교육을 전부 자신의 가게 내에서 하려는 경영자들이 많이 있습니다. 물론 틀린 것은 아닙니다. 내 가게의 룰, 기본을 가르치기 위해서는 내 가게에서 하는 게 마땅합니다. 손님 응대 연습도 실제 무대가 되는 자신의 가게에서 하는 게 좀 더 효과적일 것입니다. 이에 비해, 직원 관리는 물론 직원의 발전에 아주 유용한 방법 하나를 소개하겠습니다.

내 가게가 아닌 다른 곳에서 직원교육을 하는 것입니다. 왜일까요? 그것은, 대부분의 직원은 자기 가게의 룰과 손님맞이의 기본을 외우게 되면 몸에 굳어져 그 이상의 발상을 못하기 때문입니다. 보다 나은 서비스와 손님맞이를 떠올리지 못하는 것입니다.

그러면 어디에서 직원교육을 하면 좋을까요? 바로 경쟁가게나 동종업계의 유명 가게입니다. 여기에 직원들을 데리고 가는 것입니다. 꼭 평판이 좋은 가게일 필요는 없습니다. 평판이 나쁜 가게에서도 '반면교사'라는 말이 있듯이 배울 점은 있습니다.

이 가게의 성공 요인은 무엇인가? 이 가게는 무엇이 잘못되어 이토록 부진한가? 우리는 이 가게에서 무엇을 배우고 똑같은 실패를 피하기 위해 무엇에 유의해야 하는가? 다른 가게의 장점을 배우고 단점이 내 가게에 생기지 않도록 마음에 새기는 것입니다. 이것이 그들을 이기는 비결입니다. 또한 이렇게 얻는 정보는 직원들과 꼭 공유하기 바랍니다. 이처럼 생생하게 살아 있는 교육이 직원들을 더욱 성장시킬 것입니다.

직원의 퇴사에는 어떻게 대처할까

이 장에서는 소규모 가게의 직원 채용과 관리 방법에 대해 알아보았습니다. 이렇게 해서 드림 팀을 만들었다면 가게는 이제 잘되는 일만 남았습니다. 여기에는 경영자인 당신이 그 이미지와 함께 잘된다는 확신을 갖는 것이 매우 중요합니다.

그런데 마지막으로 또 하나, 당신에게 전하고 싶은 게 있습니다. 어떤 가게든 직원 정착률이 100퍼센트인 곳은 없습니다. 언제가 됐든 직원이 그만둘 때가 찾아옵니다. 유능한 직원이 떠났을 때, 그 상황에서 어떻게 대처하면 좋을지를 알려드리겠습니다.

유능한 직원은 언젠가는 당신의 가게를 떠납니다. 이것은 피할 수 없는 사실입니다. 온갖 정성을 다해 키웠던 직원이라도 가게를 나가 독립하는 때는 반드시 찾아오고야 맙니다. 이에 대해 당신은 어떻게 대처하면 좋을까요? 이때가 되면, 기쁜 마음으로 떠나보내기 바랍니다. 그 직원을 위해서 말입니다.

당신 곁을 떠난 직원이 차린 가게가 대성황이라고 합시다. 그때가 되면 당신처럼 사장이 된 직원은 말할 것입니다.

"지금 내가 성공할 수 있었던 것은 그때 그 사장님 덕분이야."

직원이 전혀 다른 업종으로 옮겼다고 해도 마찬가지입니다. 다른 업종에서 성공했더라도 당신 가게에서 일한 경험이 밑거름이 되었다는 사실을 그 직원은 알 테니까요. **이 같은 이야기도 당신 가게 '브랜드'의 씨앗이 됩니다. 직원에게 진심을 담은 대가는 반드시 되돌아옵니다.** 또 이 이야기를 듣고 다른 유망한 직원이 당신 가게를 찾을 수도 있겠지요.

다만, 한 가지 덧붙여야 할 경우가 있습니다. 직원을 그만두게 할 경우입니다. 한 사람의 인생을 좌우할 결단인 만큼 진실한 사장님일수록 고민이 클 것입니다. 한편으로 이 같은 문제를 정면으로 대처하는 사장님은 드물 것입니다. 가게의 화합을 해치는 직원이 있어도 문제를 뒤로 미루기만 하면 사태를 더욱 악화시키게 됩니다. 그래서 언젠가는 곪아서 터집니다.

직원교육에 최선을 다했음에도 진정성을 몰라주는 직원이라면 바로 그만두게 하는 게 옳습니다. 굳이 직원 본인을 위해서라기보다는 가게를 위해, 목표 달성을 위해, 남아 있는 다른 직원을 위해서입니다. 힘들어도 결단을 할 수밖에 없습니다. 아니, 내려야 합니다.

해고 문제는 다른 직원과 절대로 상의해서는 안 됩니다. 자초지종을 듣는 것은 좋으나 해고의 결단은 혼자서 내려야 합니다. 평소에는 직원의 의견을 들어야 하지만 이 문제만큼은 예외입니다. 악역이라고 해도 어쩔 수 없습니다. 당신은 경영자이니까요.

30일 만에 좋은 직원, 나쁜 직원을 구분하는 비결

뛰어난 직원과 그렇지 못한 직원은 대개 일을 시작하고 나서 한 달 정도면 파악할 수 있습니다. 이 둘을 구분하는 포인트는, 그 직원의 언어 습관입니다. 문제 직원은 내뱉는 말의 대부분에서, 가게나 사장, 동료를 좋지 않게 이야기합니다. 자신이 주체가 되어 말하는 경우는 거의 없습니다.

"그 선배는 리더십이 부족한 거 같지 않아."

"가게의 위치가 좋지 않아."

"손님들 수준이 낮네."

"사장님은 왠지 인덕이 부족한 거 같아."

이렇게 말하는 직원은 언제나 자신을 쏙 빼놓고 말합니다. 게다가 구체적으로 지시하지 않으면 스스로 움직이지 않습니다. 마침내는 시간 등의 약속을 어기거나 지각, 결근이 잦게 됩니다.

이 같은 경향은 한 달, 늦어도 두 달이면 드러나니 채용 시에 수습기간을 1~3개월 정도 두는 게 좋습니다. 함께 일하는 것을 거절할 수 있는 용기도 경영자의 능력 중 하나입니다. 잘되는 가게의 경영자는 거의 모두가 그 같은 어려움을 겪은 다음에야 지금의 위치까지 올 수 있었습니다. 힘든 고난을 겪으며 가게가 거듭나고 드림 팀이 완성되는 것입니다.

마지막으로, 직원평가서를 실었으니 직원평가에 활용하기 바랍니다. 기본적인 평가항목을 다루었으므로 필요한 항목을 첨삭하면 됩니다.

직원평가서

No	항목	평가
1	출퇴근 시에 밝게 인사한다.	
2	손님에게 '감사합니다', '또 오십시오' 등 분명하게 인사한다.	
3	손님이나 상사에게 정중한 언어로 말한다.	
4	청결의 습관이 몸에 배어 있다.(30분에 한 번 이상 손을 씻는다.)	
5	무단결근, 지각을 하지 않는다.	
6	옷차림 규정을 잘 지킨다.	
7	안주 등을 먹지 않고 가게의 비품에 손대지 않는다.	
8	비용 청구를 규정에 맞게 제대로 한다.(문구용품이나 각종 비품)	
9	근무 중에 사적인 대화를 하지 않는다.	
10	다른 직원과 손님의 험담을 하지 않는다.	
11	사람의 눈을 응시하며 대화한다.	
12	정리정돈의 습관이 배어 있다.	
13	잘 모르는 것은 임의로 판단해 행동하지 않는다.	
14	잘 모르는 것은 질문을 통해 해결한다.	
15	근무시간 5분 전에 일할 준비가 되어 있다.	
16	메모하는 습관이 배어 있다.	
17	모르는 것은 스스로 배우려는 자세가 되어 있다.	
18	손님이 들어오면 바로 알아차리고 움직인다.	
19	손님을 상냥한 태도로 자리로 안내한다.	
20	자기의 잘못을 인정하고 사과할 줄 안다.	

No	항목	평가
21	웃는 얼굴로 업무에 임한다.	
22	근무시간 조정에 협조적이다.	
23	업무 중 긴장감을 유지하고 있다.	
24	다음에 무엇을 할까 준비가 되어 있다.	
25	위생관리의 중요성을 이해하고 말하지 않아도 실천한다.	
26	가게 밖에서도 가게 직원이라는 자부심을 갖고 있다.	
27	도덕의식이 높다.	
28	배려심이 있고 좋은 일터를 만들고자 노력한다.	
29	효율과 비용의 균형을 의식하고 있다.	
30	시간을 절약하고자 노력한다.	
31	다른 직원과 소통하며 일한다.	
32	가게의 분위기 메이커 역할을 마다하지 않는다.	
33	매뉴얼 내용을 모두 이해하고 있다.	
34	매뉴얼 내용을 설명할 수 있다.	
35	다른 직원의 복장, 청결을 지적하고 시정할 수 있다.	
36	동료의 역량을 파악하고 있고 도움을 요청할 수 있다.	
37	다른 직원들의 모범을 보인다.	
38	좋은 인간관계를 유지하고 있다.	
39	사원으로서의 책임을 이해하고 자각한다.	
40	업무의 우선순위를 알고 있다.	

No	항목	평가
41	항상 주의 깊게 주위를 살피고 실수를 방지할 수 있다.	
42	실수가 있었을 때는 곧바로 대처한다.	
43	실수가 있었을 때는 원인을 밝혀 재발 방지에 임한다.	
44	상대(손님, 동료)의 격한 말에 감정적으로 대응하지 않는다.	
45	매출 목표를 의식하고 있고 달성하고자 노력한다.	
46	인건비 목표를 의식하고 있고 달성하고자 노력한다.	
47	경비 목표를 의식하고 있고 달성하고자 노력한다.	
48	수익 목표를 의식하고 있고 달성하고자 노력한다.	
49	매출과 소액권, 잔돈의 중요성을 인식하고 있다.	
50	점장의 지시, 결정에 따라 신속하게 행동한다.	
51	진취적으로 생각하고 행동한다.	
52	자신의 미래상을 의식하며 지금 무엇을 할 것인가를 판단한다.	
53	책임의식이 투철하다.	
54	우선순위를 파악하여 동료들에게 적절한 지시를 할 수 있다.	
55	동료의 협조를 이끌어낼 수 있다.	
56	자기 업무에 대해 설명할 수 있다.	
57	맡은 업무의 시범을 보일 수 있다.	
58	각 업무에 대해 상대를 평가할 수 있다.	
59	각 업무에 대해 상대의 잘못을 수정할 수 있다.	
60	공손한 말을 사용하고 어투에 주의를 기울인다.	

No	항목	평가
61	칭찬하는 습관이 배어 있다.	
62	지시한 대로 동료를 움직일 수 있다.	
63	직원들 간의 업무 시간 조정 능력이 있다.	
64	적정인원을 파악하여 한 달간의 근무표를 작성할 수 있다.	
65	일일 업무일지를 작성할 수 있다.	
66	금전출납부를 작성할 수 있다.	
67	매일의 매출을 파악하고 있고 목표를 달성하기 위해 노력한다.	
68	외주업체 발주와 관리 능력이 있다.	
69	손익계산을 하면서 근무일정표를 작성할 수 있다.	
70	고객 불만에 대응할 수 있다.	
71	화재 등 비상시 행동요령을 알고 있다.	
72	사고 대응을 알고 있다.	
73	기기 고장의 대처법을 알고 있다.	
74	열쇠 등의 관리를 잘 하고 있다.	

- 입사한 지 얼마 안 되는 직원에게는 다소 과도한 항목, 업종에 따라 불필요한 항목도 있습니다.

5장의 정리

드림 팀을 만드는 비결

① 훌륭한 조직에 걸맞은 직원을 채용한다.

② 직원 모두의 열정을 이끌어낼 동기부여를 갖도록 한다.

③ 어떻게 하면 가게와 자신의 목표를 달성할 수 있는지를 구체적으로 떠올리게 한다.

④ 직원 관리를 제대로 한다.

채용의 불일치를 막기 위해 채용공고에 포함해야 할 정보

① 가게의 경영신념

② 직원들에 대한 경영자의 약속

③ 당신이 직원에게 기대하는 것

④ 이상의 조건에 맞지 않으면 지원하지 말아달라는 부탁

⑤ 웃는 얼굴로 찍은 직원들의 단체 사진과 실제 현장에서 일하고 있는 모습의 사진

채용 면접에서 중요한 5가지 질문

① 가게의 경영신념을 보면서 어떤 생각이 들었습니까?

② 면접을 위해 어떤 준비를 하고 왔습니까?

③ 부모님은 어떤 일을 하고 계세요?

④ 여기에서 일하게 된다면 가게에는 어떤 이점이 있을까요?

⑤ 장래 희망은 무엇입니까?

'직원들이 열심히 일하지 않는 이유'의 해결책

- 아침조회와 종례에서 경영신념을 바탕으로 무엇을 해야 하고, 어떤 일을 했는지 확인한다.
- 무엇 때문에 이 일을 하고 있고 어떤 성과를 기대하고 있는지 파악하고 지원해 준다.
- 목표를 달성했을 때에는 반드시 포상을 한다.
- 사업계획 목표를 직원 전원과 공유한다. 그리고 직원 개인에게도 목표를 부여한다.
- 직원의 발언을 '의견'과 '불평'으로 구분해 단순한 불평은 엄중하게 꾸짖는다.

사장이 없어도 가게가 돌아가기 위한 3가지 도구

① 아침조회   ② 종례   ③ 업무 노트

가게에 손님이 줄을 서는 8가지 마법

재방문률 향상편

6

가게를 번성하게 만드는 손님 모으기의 비결

지금까지의 내용을 잘되는 가게를 만들기 위한 사전준비였습니다. 구체적으로는, 먼저 사장인 당신의 의식을 바꿨습니다. 경영자의 의식이 바뀌면 경영이 바뀌고 가게 또한 수익을 낼 수 있게 됩니다. 다음으로는 가게의 브랜드, 재무관리, 인재교육 외에 경영의 기본에 대해서도 전체적으로 설명했습니다.

이렇게 사전준비가 끝났다면 가게의 과제 중 80퍼센트 정도는 해결된 것입니다. 이제 남은 것은 손님을 모으기 위한 실천 테크닉입니다. 매출에 직결되는 내용을 중심으로 알려드리겠습니다.

"뜸은 그만 들이고 흑자를 만드는 방법이나 빨리 알려줘요!"

이런 소리가 들리는 듯합니다. 사실은 저도 컨설턴트로 처음 독립했을 때는 고객이 깜짝 놀랄 만큼 참신하고 효과적인 방법을 알려주는 것이 가장 중요하다고 여겼습니다. 그러나 이후 숱한 경험을 쌓으면서 이제는 '**일시적으로 효과가 있는 방법으로는 이후 수익이 지속되지 않는다**'는 사실을 피부로 깨닫게 되었습니다.

지금부터 설명하는 내용은 단기적인 효과만을 노린 방법이 아닙니다. 보다 장기적인 관점에서, 잘되는 가게로 가는 비결입니다. 앞에서와 마찬가지로 천천히 따라오시기 바랍니다.

이것이 손님 모으기의 바른 수순

매출에 직결되는 시책은 누가 뭐래도 '손님 모으기'입니다. 즉, 얼마나 많은 손님이 가게로 찾아와서 상품, 서비스를 구매하는가에 달렸습니다. 그런데 손님 모으기에도 바른 순서가 있습니다.

① 재방문률 향상 ······▶   ② 신규고객 모으기

이 순서가 거꾸로 되면 문제가 생깁니다. 실제로 이 2가지 방법을 거꾸로 시행해서 실패한 가게가 적지 않습니다. 흔히 생각하기에 신규고객을 먼저 모은 다음에 재방문률을 높여야 된다고 생각하기 쉽습니다. 그러나 바른 손님 모으기 순서는 그 반대입니다.

제게 컨설팅을 의뢰하는 고객도 대부분 '신규고객을 어떻게 모을 수 있을까'라는 질문부터 시작합니다. 매출을 올리기 위해 신규고객을 늘린다? 어떻게 보면 당연한 말입니다. 《신규고객은 이렇게 모으라》, 《손님을 모으는 영업의 비결》 등 판촉, 손님 모으기 방법에 관한 책도 넘쳐흐릅니다.

이들 시책은 물론 중요합니다. 그런데 이보다 앞서서 해야 될 일이 있다는 것을 강조하고 싶습니다. **새로운 손님을 부르기 전에, 당신의 가게는 한 번 온 손님이 '다시 찾고 싶은' 가게라고 생각하십니까?**

손님의 입장에서 생각해 보기 바랍니다. 손님의 눈길을 끄는 전단지를 신문과 함께 받았습니다. 기대가 부풀어 오릅니다. 그래서 괜찮은 가게라 생각하고 찾았는데, 전단지의 내용과는 전혀 다르다면? 이 손님은 다시는 가게를 찾지 않을 것입니다. 어쩌면 친구에게 "저 가게는 별로

야."라고 말할 수도 있습니다. 이렇게 소문은 삽시간에 퍼져나갑니다.

잘 안되는 가게는, 눈에 보이지 않는 부분에서 오는 손님을 내쫓습니다. 이 상황에서는 새로운 손님을 모으려고 해도 점점 악순환에 빠질 뿐입니다. 이 악순환의 고리를 끊기 위해서는 어떻게 하면 될까요?

먼저 고객만족도를 높여야 합니다. 손님 모으기의 바른 순서로서, 일단 가게를 찾은 손님이 다시 방문하고 싶도록 만들어야 합니다. 고객만족도의 향상이 가장 공을 들여야 할, 손님의 소개에 의한 신규고객 모으기로 이어집니다. 명심하기 바랍니다.

이 장에서는 손님의 재방문률을 올리기 위해 4가지 비결을 소개합니다.

- 단골을 만드는 비결 ① **고객 매뉴얼**
- 단골을 만드는 비결 ② **감동 앙케트**
- 단골을 만드는 비결 ③ **5가지 커뮤니케이션 수단**
- 단골을 만드는 비결 ④ **점내 이벤트**

신규고객 확보에 대해서는 7장에서 3가지 비결을 소개합니다.

- 단골을 만드는 비결 ⑤ **홍보용 전단지 작성**
- 단골을 만드는 비결 ⑥ **가게의 인지도 개선**
- 단골을 만드는 비결 ⑦ **가게 밖 영업**

이와 함께 덤으로 '최후의 비결'도 함께 다루게 됩니다.

- 단골을 만드는 비결 ⑧ **1인당 구매액 향상**

우선순위와 중요도가 높은 순으로 설명하겠습니다. 가장 처음으로 이해하고 갖춰야 할 것은 바로 '고객 매뉴얼'입니다.

모든 손님에게 똑같은 서비스를 제공하지 마라

손님이 가게를 다시 찾게 만들기 위해서는 먼저 고객 매뉴얼을 보완해야 합니다. 경영신념에 바탕해 동일한 고객서비스를 제공하는 것은 가게 경영의 기본입니다. 맥도널드 같은 대형 프랜차이즈에서는 고객 매뉴얼이 필수입니다. 손님맞이 방법에서부터 감자칩의 보존시간까지 철저하게 규정을 만들어놓고 있습니다.

여기서 주의해야 할 게 있습니다. 분점이 전국적으로 있는 대형 프랜차이즈의 경우 본사에서 매뉴얼을 정하기 때문에 어느 가게를 가든 유사한 상품과 서비스를 제공하고 있습니다. 그런데 5개 분점 이하의 소규모 가게에서는 무엇 때문에 매뉴얼을 만드는 것일까요? 물론 손님에게 동일한 서비스를 제공하려는 목적은 있습니다. 하지만 소규모 가게에서는 매뉴얼을 만드는 게 중요한 것이 아니라, '만드는 과정'에 보다 큰 의미가 있습니다. 좀 더 쉽게 설명하겠습니다.

가게에는 각양각색의 손님들이 찾아옵니다. 남성과 여성, 노인과 젊은이, 학생과 사회인, 주부와 아이들 등등 다양합니다. 게다가 이런 차이 외에도 처음 오는 손님, 두 번째 오는 손님, 자주 오는 손님, 오랜만에 들르는 손님, 누군가의 소개로 온 손님 등 가게와의 관계에 있어서도 다양한 손님이 있습니다.

손님의 성격이 다르니 자연히 이들 손님에 대한 응대도 달라야 합니다. 그럼에도 대형 프랜차이즈의 매뉴얼은 모든 손님을 동일하게 다룰 수밖에 없습니다. **그런데 소규모 가게라면, 대형 프랜차이즈에는 없는, 보다 세분화된 서비스를 연출할 필요가 있지 않을까요?**

이 같은 입장을 바탕으로, 소규모 가게의 매뉴얼에 중요한 4가지 포인트가 있습니다.

첫째, 직원 모두가 가게에서 정한 응대 서비스를 동일하게 실천할 수 있도록 교육해야 합니다.

둘째, 고객 서비스의 내용은 손님의 유형에 맞춰 철저하게 세분화해야 합니다.

셋째, 경영자를 비롯해 직원 모두가 참여해 매뉴얼을 만들어야 합니다. 이것이 가장 중요합니다.

넷째, 매뉴얼을 정기적으로 또는 필요하다고 판단될 경우에는 바로 개선해야 합니다.

매뉴얼을 처음부터 완벽하게 만들 수는 없습니다. 또 항상 개선하려는 자세가 중요합니다. 매달 한 번 정도 직원회의를 통하거나 해서 정기적으로 수정할 수 있는 체제를 갖추기 바랍니다.

고객 매뉴얼은 직원 모두가 작성한다

앞에서 설명한 매뉴얼 작성의 포인트 중 처음 두 가지는 웬만한 가게라면 실천하고 있을 것입니다. 하지만 매뉴얼을 직원 모두가 참여해 만들고 끊임없이 수정하는 것은 체인점에서는 아예 불가능합니다. 역으로 말하면 이 부분이 소규모 가게의 강점입니다. 늘 함께하는 직원인 만큼 항상 소통하는 가운데 매뉴얼 작업도 함께 해나가기 바랍니다.

그러면 구체적으로 매뉴얼 작성방법에 대해 설명하겠습니다.

우선, 손님이 문을 열고 들어올 때부터 가게를 떠날 때까지의 상황을 철저하게 세분화합니다. 그리고 각 단계에 맞게 행동과 대화법 란을 만들어 신규고객, 단골고객, VIP, 오랜만에 오는 고객 등 최소 4가지 타입으로 손님을 분류해서 서비스 일람표를 만듭니다.

이 표를 바탕으로 직원들의 의견을 모읍니다. 이때는 어떻게 하면 좋을까? 이 경우에는 이렇게 하자 등 손님이 방문했을 때를 떠올리며 자유롭게 논의하면 합니다. 이것이 그대로, 당신 가게의 매뉴얼이 됩니다.

서비스 일람표

단계		행동	대화법	비고
손님 방문 시	신규 고객	직원 한 명이 반드시 문을 열고 맞는다. 희망하는 상품, 서비스를 확인한다.	안녕하세요. 어서 오세요. 방문해 주셔서 고맙습니다. 담당을 맡은 ○○입니다.	정중한 표현을 사용한다.
	단골 고객	인사는 꼭 존댓말을 쓴다. 항상 웃는 얼굴로, 분명한 어조로 인사	○○씨, 안녕하세요. 기다렸습니다.	손님의 이름으로 부른다.
	VIP	웃는 얼굴로 맞이하고 손님을 기다리게 할 때는 읽을거리 등을 제공한다.	○○씨, 안녕하세요. 평소대로 준비해 드릴까요?	손님의 기호, 특이사항 등을 직원 간에 공유한다.
	오랜만인 고객	근처에 있는 직원은 모두 손님 쪽을 본 다음에 인사	○○씨, 어서 오세요. 그동안 안녕하셨어요.	어색함을 느끼지 않도록 친근하게 맞이한다.

- 전화예약, 계산 시 등 손님의 행동을 적는다.
- 손님 타입별로 직원이 어떻게 대응할 것인가를 적는다.
- 인사말 등 손님과의 대화법에 대해 적는다.
- 말해서는 안 되는 것, 주의점 등을 적는다.

예를 들어 당신의 가게가 미용실이고 당신 가게를 두 번째 찾는 손님이 2시에 온다고 합시다. 매뉴얼에 따라 다음과 같은 응대가 가능할 것입니다.

2시 직전에 문 앞에 서서 손님을 기다립니다. 손님이 오면 문을 열어 주면서 "안녕하세요. 다시 찾아주셔서 고맙습니다."라고 인사합니다. 이때 미용실 안의 직원들도 손님 쪽을 바라보며 "안녕하세요." 하고 동시에 인사합니다. 처음 맞이하는 직원의 인사말을 듣고 이 손님이 두 번째 방문하는 고객이라는 사실을 모두가 알 수 있습니다. 이어서 다른 직원이 손님을 자리로 안내하고 "음료수를 준비해 드릴까요?" 등의 대화를 이어갑니다.

이처럼 손님의 유형에 맞게 행동과 대화를 정해 두면 됩니다. 말해서는 안 되는 사항, 해서는 안 되는 행동 등도 정리해 두면 더욱 도움이 될 것입니다.

손님을 기쁘게 하기 위해서는 어떻게 하면 좋을까? 이것을 기준으로 자세하게, 계속해서 매뉴얼을 수정해 나가기 바랍니다. 좋은 아이디어를 낸 직원에게는 선물이나 인센티브를 주는 방안도 효과가 있을 것입니다. 손님접대 아이디어는 정직원보다는 오히려 아르바이트 직원들이 더 나은 경우가 많습니다. 그들은 의견에도 꼭 귀를 기울이기 바랍니다.

손님을 포로로 만드는 앙케트 활용법

다음으로 설명할 것은 손님을 포로로 만드는 앙케트에 대해서입니다. 흔히 가게의 테이블 위에 '앙케트에 협조 바랍니다.'라고 적힌 설문지를 본 적이 있을 것입니다. 이 같은 고객 앙케트는 도대체 왜 만드는 것일까요? 결론부터 말하자면 고객 앙케트는 꼭 필요합니다. 그 이유는 다음 세 가지입니다.

앙케트의 장점 ① 손님의 솔직한 가게 평가를 알 수 있다

3장에서 손님의 니즈에 지나치게 연연하지 말라고 했습니다만, 여기서 말하는 앙케트의 목적은 손님의 의견에 연연하는 것이 아니라 현재의 가게에 대한 손님의 평가를 확인하는 것입니다. 이것은 매우 중요합니다.

매출 등의 경영수치에 대해 목표를 세우고 수정하는 것은 가게 자체로도 가능할 것입니다. 하지만, 앙케트처럼 손님의 만족도를 측정하는 기준이 있다면 가게의 상품, 서비스에 대해 명확한 목표와 수정이 가능합니다. 게다가 앙케트로 인해 내부 직원들에게는 보이지 않던 의외의 문제점을 깨닫는 경우도 있습니다. 만약에 손님의 불만이 적혀 있다면, 이것은 행운입니다. 그것을 개선함으로써 보다 나은 가게가 될 수 있으니까요. 만족도를 체크하는 앙케트 항목은 뒤에서 다시 설명하겠습니다.

앙케트의 장점 ② 고객 매뉴얼 개선에 앙케트 결과를 반영한다

앙케트에서 나온 결과를 고객 매뉴얼에 반영하는 것은 매우 바람직합니다. 손님이 기뻐하는 것, 불평불만, 감상 등 손님맞이의 각 단계에서 손님이 느낀 바를 확인하기 바랍니다. 손님이 기뻐하는 내용은 매뉴얼에 추가하고 불만은 주의할 점으로 적어서 직원 모두가 공유합니다. 이때 유의해야 할 점은 불만의 개선에만 치우쳐서는 안 된다는 것입니다. 불만 해소에만 주력하게 되면 그저 보통의 가게 수준을 벗어날 수 없습니다. **잘되는 가게를 지향한다면, 불만보다는 손님의 기쁨에 주목해야 합니다.** 무엇이 좋았고 무엇이 기뻤는지를 파악해 다른 손님에게도 그 기쁨을 줄 수 있도록 하는 게 중요합니다.

고객만족으로 유명한 리츠 칼튼에 대해 아래와 같은 전문가의 평가가 언론에 소개된 적이 있었습니다.

"리츠 칼튼과 다른 호텔의 차이는 고객의 불만에 주목했는가, 고객의 기쁨에 주목했는가 차이 정도밖에 없었다. 그런데 이것이 하늘과 땅 차이를 만들었다."

앙케트의 장점 ③ 손님을 가게의 팬으로 만들 수 있다

손님이 쓴 앙케트를 참고로 고객 매뉴얼을 개선했다고 합시다. 그러면 이 앙케트 내용과 개선사항을 정리해 가게 내에 게시합니다. 이렇게 했을 때, 개선을 지적한 손님이 만약에 그것을 본다면 자신의 의견이 참고가 되었다는 기쁨을 느낄 것이고 가게에 대해서도 애착을 느끼게 됩니다. 더욱 자주 가게를 찾고 좋은 의견을 내는, 가게의 응원단이 되는 것이지요.

정리하자면, 가게와 손님의 소통 도구로서 앙케트는 큰 도움이 됩니다. **'손님이 손님을 부른다'는 평범한 진리를 잊지 않기 바랍니다.**

손님이 손님을 부르는
감동 앙케트

이제 앙케트 항목을 만들 차례입니다. 여기에 정답은 없습니다만, 최소한 '남성과 여성, 신규, 재방문, 연령대' 정도는 기입란을 만들어 나중에라도 참고하는 게 좋습니다. 의견과 감상란은 공간을 넓게 해 자유롭게 쓸 수 있도록 합니다. 심리적인 측면에서, 좁은 공간은 없는 것과 마찬가지입니다.

그럼, 고객만족도를 점수화하기 위한 방법부터 설명하겠습니다. 아마도 5단계 평가로 되어 있는 앙케트를 주로 보셨을 것입니다.

① 매우 좋았다   ② 좋았다   ③ 보통이다   ④ 조금 불만   ⑤ 불만

이 같은 선택지의 앙케트가 일반적입니다만, 먼저 한 가지 질문을 하겠습니다. 다양한 업종의 앙케트를 했을 때, 위에서 가장 동그라미가 많은 항목이 무엇이라고 생각합니까? 정답은 2번 '좋았다'입니다. 사람들은 다소 너그러운 측면이 있기 때문에 '보통'은 잘 선택하지 않습니다. 중간보다는 약간 높은 점수를 주는 것입니다. 그렇기 때문에 '좋았다'를 받았다고 해도 실은 '보통'인 것으로 보면 됩니다. 마찬가지로 '보통'에 동그라미를 쳤다면 실제로는 '조금 불만'을 가리키는 것입니다. 그 이하의 '조금 불만'이나 '불만'에 표시했다면, 이것은 분명하게 문제가 있는 것이니 고객서비스 등을 재검토해야 합니다.

다음으로 평가항목의 문제인데, 가장 높은 평가가 '매우 좋았다'여서는 구체적이지 못하다는 단점이 있습니다. 그래서 가장 평가가 높은 항

목은 '감동했다'로 하기 바랍니다. '이 가게는 그럭저럭 괜찮기는 한데 감동할 정도까지는 아냐'라는 경험은 누구에게나 있습니다. 손님 입장에서도 '매우 좋았다'라는 표현에는 동그라미를 쳐도 '감동했다'라는 항목까지 있다면 수긍에 머뭇거릴 수밖에 없습니다.

 무작위 표본을 대상으로 '생활하면서 최근 1개월 이내에 감동한 적이 있습니까?'라고 물어본 앙케트에서 '감동했다'라고 대답한 사람은 전체의 5퍼센트밖에 되지 않았다고 합니다. 또 그 5퍼센트에게 '어떤 일로 감동했습니까?'라고 물었더니 영화나 드라마를 보고 감동했다는 사람이 대부분이었습니다. 가게에서 감동했다고 대답한 사람은 '최근 감동했다'고 대답한 사람 중에서도 고작 2퍼센트에 지나지 않았습니다.

 그만큼 손님에게 감동을 주는 것은 어렵습니다. 그럼에도 불구하고 당신의 가게에서 감동을 줄 수 있다면 어떨까요? 분명히 무심결에라도 가게를 주위에 소개할 것입니다. 비록 쉽지는 않겠지만 충분히 도전해 볼 가치는 있습니다.

① 감동했다(5점)   ② 오길 잘했다(4점)   ③ 보통(3점)
④ 불만(2점)   ⑤ 다시는 오고 싶지 않다(1점)

 이상과 같이 5단계로 고쳐서 가게의 전반적인 인상, 서비스 태도, 상품과 서비스 등의 항목에서 손님의 솔직한 의견을 듣기 바랍니다.

감동 앙케트의 예

NO   년   월   일

오늘의 성적표

문1. 손님에 대해 알려주세요.

- 연령대를 알려주세요.

  ① 20대 미만 ② 20대 전반 ③ 20대 후반 ④ 30대 전반
  ⑤ 30대 후반 ⑥ 40대 ⑦ 50대 이상

- 저희 가게의 이용 빈도를 알려주세요.

  ① 처음 ② 1주일에 1회 ③ 1주일에 2~3회 ④ 1개월에 1회 ⑤ 반년에 1회

- 저희 가게를 방문한 계기를 알려주세요.

  ① 우연히 들렀다 ② 잡지를 보고 ③ 소문, 소개로 ④ 전단지를 보고

- 주위 환경에 대해 알려주세요.

  ① 집이 근처에 있다 ② 회사(학교)가 가깝다 ③ 친구 집이 가깝다 ④ 기타

문2. 저희 가게의 서비스에 대해 알려주세요.

- 아래 질문을 읽고 점수를 매겨 주세요.

  (감동했다 5점, 오길 잘했다 4점, 보통 3점, 불만 2점, 다시는 오고 싶지 않다 1점)

가게의 전체적인 만족도는 어떻습니까?	점

저희 가게의 각종 서비스의 만족도는 어떻습니까?

① 접객 태도	점	④ 음식의 맛	점
② 청결상태	점	⑤ 비품 구비	점
③ 상품 제공시간	점	⑥ 가격	점

향후 손님에게 유익한 정보를 메일로 보내도 좋을까요?

예 (메일주소 :   @   )   아니오

문3. 의견이나 희망사항이 있다면 알려주세요.

시간을 내주셔서 고맙습니다. 앞으로도 많은 관심 바랍니다.

앙케트는 만족도를 높이는 도구

그러면 앙케트의 채점 방법에 대해 설명하겠습니다. 하루 동안 받은 앙케트 매수를 분모로 해서 '감동했다' 비율, '오길 잘했다' 비율, '보통' 이하의 비율을 계산합니다. 예를 들어 하루에 50매의 앙케트를 받았고 그중 '감동했다'가 10매 있었다고 하면, 10÷50=0.2, 즉 감동률 20퍼센트가 됩니다.

이렇게 해서 한 달 간 앙케트를 해서 가게의 감동률과 불만율(보통 이하)를 계산합니다. 이것이 바로 이번 달 당신 가게의 성적표입니다.

다음은 직원들이 모두 모여 목표를 정합니다. 다음 달의 접객태도는, 감동률 15퍼센트 올리기, 불만율 10퍼센트 내리기 등으로 정한 다음, 이 목표를 달성하기 위해 어떻게 할 것인가를 고민하는 것입니다.

그리고 한 달 후에는 '목표를 달성했는가? 무엇이 잘 됐고 잘못됐는가? 개선해야 할 사항은 무엇인가?' 등을 검토합니다.

이처럼 수치화에 의해 목표나 결과가 명확해지고, 따라서 대처방안을 찾아내기도 수월해집니다. 이 시스템이 뿌리를 내리게 되면 손님에게 사랑받는 만족도 높은 가게로 저절로 바뀔 것입니다.

'가설을 세우고, 검증하고, 개선한다.' 앙케트는 이 같은 경영의 기본을 충실히 실천하는 '만족도를 높이는 도구'라 할 만합니다.

그런데 마지막으로 한 가지 덧붙여 말씀드릴 게 있습니다. 앙케트를 실시하는 가게의 사장님들이 꼭 하시는 질문입니다.

"앙케트에 응하는 사람이 한 사람도 없으면 어떡하죠?"

당연히 앙케트 용지를 비치해 두는 것만으로는 아무도 작성하지 않습니다. 앙케트에 답한 손님에게 사은품을 증정하는 가게도 있습니다만,

제 경험상 경품이 있다고 해서 회수율이 높지는 않았습니다. 그렇다면 어떻게 하면 좋을까요? 직원들이 꼭 앙케트에 대해 부탁을 해야 합니다.

"손님들에게 더 나은 서비스를 제공하기 위해서입니다. 앙케트를 작성해 주시면 정말 고맙겠습니다. 사정 봐주시지 말고 느끼신 그대로 적으시면 됩니다."

직원들이 진정성을 갖고 부탁을 하면 이를 거절할 손님은 거의 없습니다. 100명의 손님이 있다면 100명 모두에게 받겠다는 마음가짐으로 손님에게 부탁드리기 바랍니다.

충격!
가게에 손님이 오지 않게 된 이유

단골을 만드는 비결 세 번째는 5가지 커뮤니케이션 수단의 작성과 활용법입니다. 그전에 손님의 심리에 관한 데이터 한 가지를 소개하겠습니다.

가게를 한번 찾은 손님이 이후에 다시 오지 않거나 두 번 찾은 손님이 세 번째 오지 않는 것을 '실객'이라고 합니다. 앙케트 등을 실시했다면 그 이유를 알 수도 있을 테지만, 대부분의 경우는 실객하게 되면 원인을 알기조차 어렵습니다. 두 번 다시는 오지 않을 테니 이유를 물어볼 도리가 없는 것이지요.

그래서 제가 가게를 찾지 않는 이유를 당신을 대신하여 불특정다수에게 앙케트를 해보았습니다. 그 결과는 가게의 사장님들에게는 다소 충격일지도 모르겠습니다.

당신은 실객, 즉 손님이 가게를 찾지 않는 첫 번째 이유가 뭐라고 생각하세요? '접객태도가 좋지 않다', '물건이 마음에 들지 않는다' 등을 떠올릴 것입니다. 그런데 실객의 이유 중 가장 많았던 것은 가게 안의 문제가 아니었습니다. 그렇다면 그 첫 번째 이유란?

"그냥 잊고 있었는데요…."

그렇습니다. 손님은 당신 가게를 아무 생각 없이 잊어버리고 있었던 것입니다. 가게를 운영하는 입장에서는 상상도 못할 일이지요. 그런데 이것을 손님 입장에서 보면, 24시간의 생활 중에 당신의 가게를 생각하는 시간은 아마 1퍼센트도 되지 않을 것입니다.

당신의 경우를 생각해 보세요. 서비스도 좋았고 마음에 드는 가게였는데, 한동안 가지 않았던 가게는 없습니까? 있겠지요. 생각이 떠오르면 다시 가보고 싶어지지만 금세 잊어버리게 되지 않습니까? 현대인의 일상은 원래가 바쁜 법입니다.

가게 경영자는 이런 현실을 마음속에 새겨야 합니다. 그렇다면 손님이 가게를 잊지 않게 하는 방법은 없을까요? 혹은 가게를 떠올리게 하는 방법은?

힌트는, 손님이 가게를 방문하지 않는 기간, 즉 손님의 일상에 있습니다. TV광고가 가능한 대형 프랜차이즈라면 손님의 일상에 파고들 수 있습니다. 하지만 소규모 가게에게는 어림도 없는 일이지요. 그래서 등장한 것이 회원제 포인트 카드나 기념품입니다. 전화번호나 이메일, 주소를 물을 수 있는 업종이라면 메일링 리스트나 감사카드 그리고 최근에는 블로그나 미니홈피 등도 커뮤니케이션 도구로써 활용되고 있습니다.

이들 도구의 위력은 정말 대단합니다. 제 고객 중에 처음에는 재방문률이 25퍼센트밖에 되지 않았는데, 이 5가지 도구를 도입하고 1년 뒤에는 무려 86퍼센트까지 재방문률이 오른 경우도 있었습니다. 10명의 신규고객 중 9명 가까운 사람이 가게를 다시 찾은 것입니다.

가게 명함은 이렇게 만들어라

5가지 도구 중에서 가게 명함을 먼저 권합니다. 가게 명함의 목적에는 여러 가지가 있는데, 지갑 속에 넣고 다니는 와중에 무언가의 계기로 가게를 떠올리게 하는 것이 첫 번째 목적입니다.

그리고 두 번째 목적은, 명함을 주위의 친구나 가족에게 건네게 하는 것입니다. 말하자면 소개 손님 획득인데, 이 2가지가 특히 중요합니다.

그러면 이 2가지 목적의 달성률을 높이기 위해서는 명함을 어떻게 만드는 게 좋을까요? 5가지 포인트를 설명할 테니 아직 명함이 없는 가게는 포인트를 참고해 바로 만들기 바랍니다. 이미 명함이 있는 가게도 행여나 부족한 점이 없는지 확인해 보기 바랍니다.

첫 번째는 아주 기본적인 사항인데, 바로 사이즈입니다. 지갑 안에 들어갈 크기가 좋겠지요. 이따금 지갑과 크기가 맞지 않아 명함이 삐져나오는 경우가 있습니다. 이 경우에는 다음날이면 틀림없이 어디론가 사라져버리고 없을 것입니다.

전단지도 사이즈가 큰 것은 갖고 다니기 불편하므로 오래 가지 못합니다. 임팩트를 준다든가 하는 특별한 경우라면 큰 전단지도 상관없습니다만, 다음 번 방문할 때까지 손님이 버리지 않도록 하는 데에는 적합하지 않습니다.

두 번째는 명함에 넣을 내용입니다. 가게 이름과 연락처는 물론이고, 이 외에 영업시간과 가능하면 작더라도 약도를 넣는 게 좋습니다. 손님에게는 가게의 이름뿐 아니라 위치 또한 잘 기억나지 않는 경우가 많기 때문입니다.

세 번째, 소개한 사람과 소개받은 사람의 이름과 연락처를 적을 공간이 있어야 합니다. 당연히, 소개한 사람이나 소개받은 사람에게는 10퍼센트 할인이나 맥주 반값 등의 서비스가 있어야 할 것입니다. 이것도 함께 표기하기 바랍니다. 누가 누구를 소개했는지, 나중에 고마움을 전하기 위해서라도 이 공간은 꼭 있어야 합니다.

네 번째는 가게의 이미지로, 경영신념을 적어도 좋습니다. 손님과 주위 사람들에게 좋은 인상을 남길 수 있습니다.

다섯 번째는 손님이 받은 명함을 버리지 않도록 하는 대책입니다. 감사의 마음을 전한다는 의미에서, 손글씨로 짧은 인사 한마디를 직원 이름과 함께 적습니다. 사람은 대게 손으로 쓴 글씨가 있는 카드는 버리지 못합니다. 명함은, 주위 사람들에게 소개할 것이니 한 사람에게 몇 장씩 줘도 괜찮습니다.

가게 명함의 작성 예

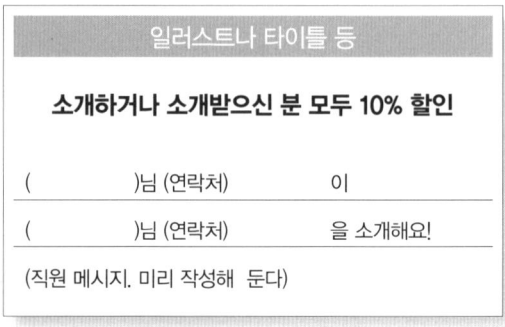

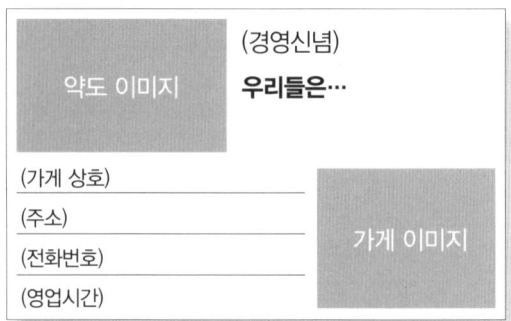

- 사이즈는 일반 명함 크기가 이상적이다.
- 한 사람에게 몇 장씩 나눠준다.
- 소개해 준 사람에게는 다음 날 문자 메시지로 감사의 뜻을 전한다.

회원제 포인트 카드의 힘

 다음은 회원제 포인트 카드입니다. 이것은 사람들의 '모으고 싶고 갖추고 싶어 하는 욕구'를 자극하는 고전적인 재방문 시책인데, 사실 목적은 이뿐만이 아닙니다. 지금 소개하고 있는 다양한 커뮤니케이션 수단을 활용하기 위해서는 손님의 개인정보가 필요합니다.

 감사엽서를 보내고 싶은데 주소를 모르거나 문자 메시지를 보내고 싶은데 전화번호를 모른다면, 손님이 다시 방문할 때까지는 커뮤니케이션을 지속할 도리가 없습니다. 미용실, 피부관리숍, 호텔 등 평소에 고객정보를 모으는 업종은 별개지만, 음식점이나 소매점 같은 경우는 고객정보를 얻기가 만만치 않습니다. 물론 앞에서 소개한 가게 명함이나 만족도 앙케트로 정보를 얻을 수는 있지만, 정보를 가장 많이 얻을 수 있는 것은 역시 회원제 카드입니다.

 좀 더 솔직히 말하자면, **회원제 카드는 손님에게 특별한 느낌을 주려는 의도 외에 고객의 정보를 얻기 위한 하나의 구실입니다.** 회원 등록을 하는 경우에는 명함을 받든지 회원가입서를 준비해 손님이 직접 기입하도록 합니다. 그런데, 개인정보보호법에 따라 고객정보는 엄격하게 관리해야 합니다. 만약에 외부에 유출되거나 한다면 가게의 신용은 땅에 떨어져 다시 회복되기 어려울 것입니다.

 개인의 정보를 얻는 대신에, 회원제 카드는 손님에게 매력적인 그 무엇을 줄 수 있어야 합니다. 포인트에 따르는 가격할인이나 특별서비스 같은 평범한 것으로는 불충분합니다. 여기에도 기획력이 필요한데 그렇다고 어렵게 느낄 필요는 없습니다. 빙고 게임처럼 가게에 올 때마다 번호를 하나씩 불러서 숫자가 맞으면 선물을 주거나 직원과 가위바위보를 해서 이기면 포인트를 두 배로 주는 등 단순한 게임 형식으로 하는 것이 좋습니다. 여하튼, 손님에게 참여한다는 느낌을 주는 게 중요합니다. 너무 어려우면 도리어 싫어할 수도 있으니 간단하면서도 즐거운 방법을 찾아보시기 바랍니다.

참고로, 회원제 카드를 사용해 성공한 가게는 카드의 종류를 방문횟수에 따라 다르게 하는 곳이 많습니다. 그중 한곳의 사례를 소개하자면 이렇습니다. 회원의 종류를 두 부류로 나눕니다. 일반회원과 10번 이상 방문하게 되면 VIP회원 자격을 줍니다. 그리고 VIP회원에게는 기한에 관계없이 모든 서비스를 10퍼센트 할인해 주는 방식입니다. 신용카드에 골드 같은 등급이 있는 것처럼, 사람은 이러한 등급에 약한 법입니다. 상위 레벨의 카드를 원하는 심리를 활용한 것이지요. 한번 시도해 보시기 바랍니다.

가게를 다시 찾게 하는 감사엽서 작성법

이번에는 손님 스스로 가게를 다시 찾고 싶어지는 감사엽서의 작성법에 대해 알아보겠습니다.

원래 감사엽서는 손님의 방문에 감사하는 마음을 담는 것입니다. 흔히 감사엽서와 판촉 카드를 혼동해 홍보용 문구로 가득한 엽서를 보내는 경우가 많은데, 그것은 좋지 않습니다. 만약에 감사의 말과 이벤트가 함께 실려 있다면 손님 입장에서는 어떤 기분일까요?

"또 뭘 사라는 거야?"

이 같은 인상을 주게 되어 바로 쓰레기통으로 직행할 것입니다. 다시 한번 방문해 달라는 사장님의 마음을 모르는 것은 아니지만 이래서는 역효과가 생깁니다. 감사엽서는 어디까지나 감사의 말에 그쳐야 합니다.

마음을 전하는 데에는 손으로 하나하나 쓰는 것보다 나은 게 없습니다. 하지만, 시간이 없는 경우에는 말풍선을 인쇄한 종이에 감사 말 한마디 정도만 손으로 써도 됩니다. 가능하다면 손님이 방문했을 때의 대화나 인상 등을 적어 상대만을 위해 썼다는 느낌을 준다면 더할 나위 없을 것입니다.

감사엽서는 방문의 고마움을 전하는 동시에 손님의 기억에 가게 이미지를 남기는 게 목적이기도 합니다. 특히 신규고객일 때는 더욱 효과적이니 꼭 보내는 게 좋습니다. 엽서를 보내는 시점은, 방문 직후나 며칠 후, 늦어도 2주 이내에 보내는 것이 좋습니다. 가게가 잊힐 즈음에 보내는 것입니다. 인간의 기억은 자고나면 8할 정도는 상실됩니다. 남은 기억도 점점 옅어질 것이고요. 그런데 이 시점에 다시 한 번 떠올리게 되면 그 기억은 정착하기 쉽습니다. 물론 몇 번이고 떠올릴 기회가 있다면 그만큼 당신의 가게는 손님의 기억에 오래도록 남겠지만 너무 집요하면 나쁜 인상으로 기억에 남을 수도 있습니다. 그렇기 때문에 감사엽서는 적당히 보내는 게 좋습니다.

감사엽서 외에 가게의 이벤트를 알리고 싶을 때는 반드시 감사엽서를 보내고 나서 일주일 이상 지난 다음에 보내야 합니다. 한동안 방문하지 않은 손님에게 갑자기 홍보용 우편을 보내서는 안 됩니다. 어디까지나 감사엽서가 먼저고 홍보용 우편은 그 다음입니다.

　우편물과 관련해 한 가지 유의할 점이 있습니다.

　"고객에게 엽서나 편지, 전단지를 우편 송부한 적이 있습니까?"

　이렇게 물으면 "연하장 정도만 보내고 있어요."라고 대답하는 사장님들이 흔히 있습니다. 하지만 연하장을 당신뿐 아니라 어느 가게든 보낼 테니 당신의 엽서는 그중의 한 장의 의미밖에 없습니다. 다른 모든 시책도 마찬가지인데, 다른 가게와 똑같이 해서는 인상을 남길 수 없습니다. 손님에 인상에 남기기 위해서라도 엽서는 반드시 다른 가게가 따라하지 않을 시기에 보내기 바랍니다.

감사엽서의 작성 예

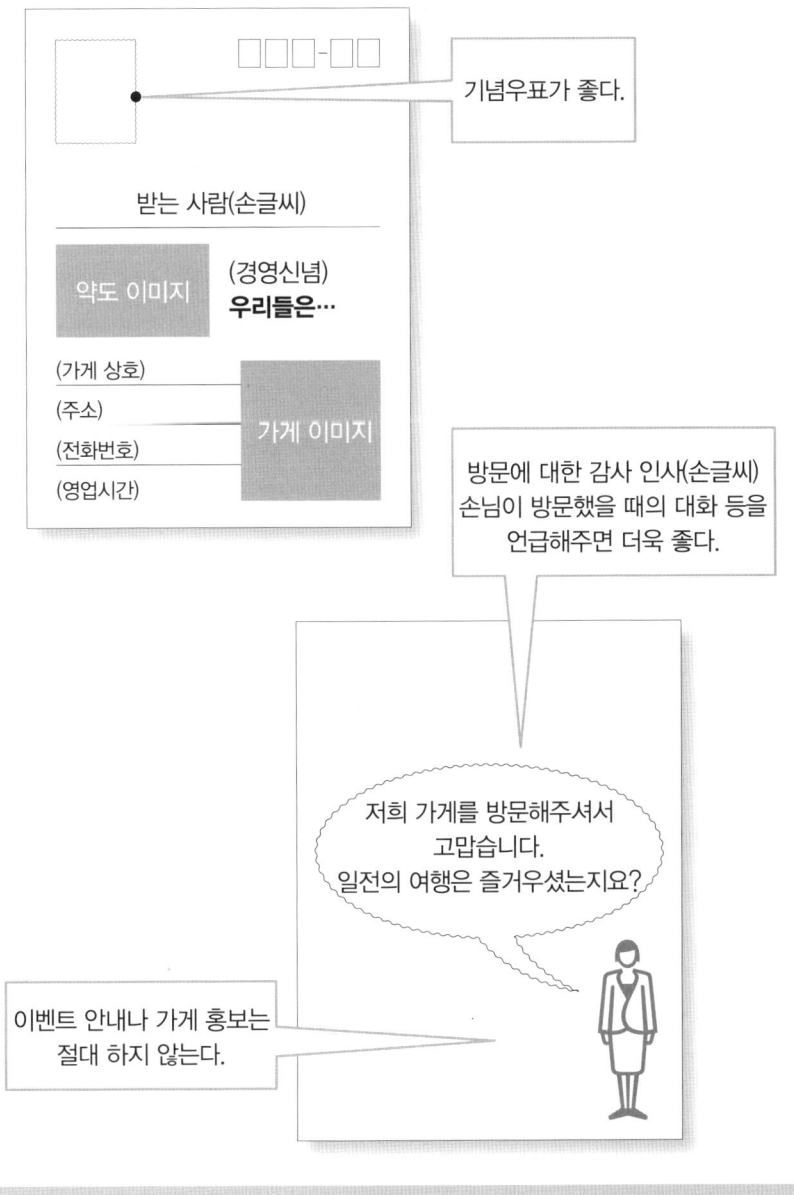

저비용으로도 효과 만점인 문자 메시지 홍보

손님의 휴대전화 번호를 안다면 문자 메시지도 손님 모으기의 효과적인 도구 중 하나입니다. 휴대전화는 늘 지니고 있기 때문에 '비 오는 날 특별할인'처럼 적절한 상황에 전하고 싶은 내용을 전할 수 있습니다. 이메일이라면 손님이 확인하는 시간이 제각각일 것입니다. 휴대전화는 보급률도 높아서 판촉 도구로서는 이메일보다 월등히 뛰어납니다. 이메일과는 달리 문자 메시지는 바로바로 읽어주니까요. 보내는 입장에서도 문자 메시지는 인쇄비나 우송료 같은 비용이 들지 않습니다. 다만, 전체 고객에게 보내는 경우에는 스팸 메시지 취급을 당하지 않도록 주의하기 바랍니다.

전체 고객에게 메시지를 보내는 경우에는 인터넷의 그룹 메시지 기능 또는 대량 문자 발송 사이트를 이용하면 편리합니다. 그런데 문자를 대량으로 보내게 되면 스팸 메시지로 인식되는 경우가 있습니다. 이와 함께 정보유출의 문제가 생기지 않도록 유의하기 바랍니다.

대량 문자 발송 사이트를 이용하면 고객 모두에게 저렴한 비용으로 정보를 전달할 수 있습니다.

문자 메시지의 내용에도 주의를 기울여야 합니다. 감사엽서처럼 장삿속이라는 느낌을 주는 않는 게 중요합니다. 어디까지나 손님의 기억에 당신의 가게를 남기는 것만으로도 충분합니다.

뉴스를 알려준다는 감각으로 손님이 알고 싶어 하고 재미있어 할 내용은 무엇인지를 잘 생각해 보세요. 가게의 상품에 관한 재미있는 정보나 상식도 좋습니다. 누구에게든 마니아적인 속성은 조금씩 있고 상식을 아는 재미라는 것도 있으니까요.

요컨대, 무난한 내용보다는 일부분의 사람들이라도 관심을 갖게 하는 게 중요합니다. 관심을 갖게 되면 기억에도 남을 것이고 또 주위에 말하고 싶은 법입니다. 이것을 노리는 것입니다. 굳이 자신의 상품이나 서비스에 관한 내용이 아니어도 좋습니다. 자신의 분야와 관련된 내용을 보내는 것도 하나의 방법입니다. 예를 들어 음식업계라면 칼로리 산출방법이나 건강한 식생활 습관 등의 정보를 알려주는 것입니다. 또한 미용업계라면 헤어스타일이나 머리 손질법 등이 가능할 것입니다. 이처럼 조금만 생각해 보면 보낼 내용은 얼마든지 있습니다.

그런데 휴대전화 메시지는 너무 장문이 되어서는 안 됩니다. 글자 수도 제한되어 있지만 화면이 작으므로 긴 글은 대부분 싫어합니다. 많은 정보를 보내야 하는 경우에는 메시지 하나에 하나의 테마로 해서 시리즈로 만들어 수차례에 걸쳐 나눠서 보내는 게 좋습니다. 그리고 문장이 완성되면 먼저 자신의 휴대전화에 전송해 미리 확인하기 바랍니다. 손님의 기분으로 문자 메시지를 읽었을 때 이상한 부분이나 불쾌한 느낌은 없는지를 살피는 것입니다.

휴대전화 메시지의 좋은 예, 나쁜 예

● 나쁜 예

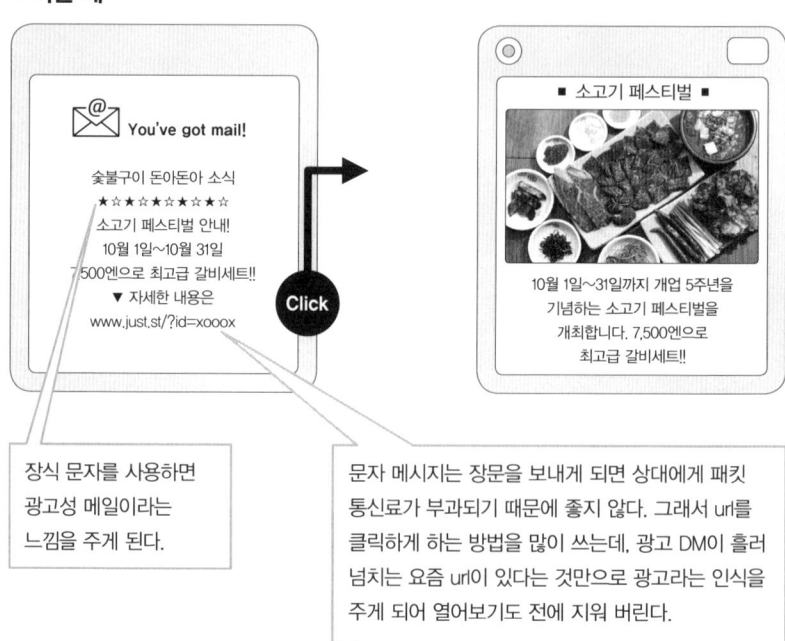

장식 문자를 사용하면 광고성 메일이라는 느낌을 주게 된다.

문자 메시지는 장문을 보내게 되면 상대에게 패킷 통신료가 부과되기 때문에 좋지 않다. 그래서 url를 클릭하게 하는 방법을 많이 쓰는데, 광고 DM이 흘러 넘치는 요즘 url이 있다는 것만으로 광고라는 인식을 주게 되어 열어보기도 전에 지워 버린다.

● 좋은 예

> 제목 : 안부인사 드립니다!
> 본문 : 숯불구이 돈아돈아입니다.
> 갑자기 추워진 날씨에 건강히 잘 지내세요?
> 오늘은 소고기의 등급에 대해 알려드릴게요.
> 소고기의 육질은 모두 15등급으로,
> ABC에 각각 12345 단계가 있습니다.
> A5가 최고의 등급인데, 돈아돈아에서는
> A4~A5등급만 쓰고 있고요.
> 다음에 오시면 등급과 산지도 물어봐주세요.
> 숯불구이 돈아돈아

광고 느낌이 나지 않도록 지인에게 메시지를 보낸다는 느낌으로 작성한다.

너무 길지도 짧지도 않게 정보를 게재. 가격이나 이벤트 등은 절대 적지 말고, 방문하게 될 때의 즐거움을 떠올릴 수 있게 한다.(손님이 떠올릴 수 있게 하는 게 중요!)

블로그나 미니홈피로 가게를 알려라

인터넷에 가게의 정보를 올리고자 할 때에 매우 편리한 방법이 있습니다. 바로 블로그입니다. 예전에는 인터넷에서 가게 홍보를 하려면 홈페이지를 만들어 서버에 올려야 했지만 블로그로도 유사한 효과를 볼 수가 있습니다.

블로그에 대해서는 들어본 적이 있을 것입니다. 처음에는 개인의 후일담을 올리는 용도로 쓰였는데 요즘은 개인뿐 아니라 연예인이나 단체, 가게 등에서 정보를 올릴 때도 이용되고 있습니다. 가게 블로그는 직원들이 돌아가면서 가게의 화제나 이벤트 정보, 직원들의 일상 등을 올려 읽을거리를 제공합니다. 손님이 댓글을 남기는 경우도 있으므로 손님과의 커뮤니케이션에도 활용할 수 있습니다. 블로그는 대부분의 포털 사이트에서 서비스를 제공하므로 무료로 이용할 수 있습니다.

그리고 싸이월드와 같은 미니홈피를 이용해도 좋습니다. 미니홈피는 개인 홈페이지에 접근을 허용한 사용자들이 서로의 일상적인 이야기를 게시할 수 있도록 되어 있습니다. 여기에 가게의 이벤트 정보나 새로운 서비스, 손님의 목소리 등을 올릴 수 있습니다. 사람들의 접근을 한정할 수도 있으므로 가게의 회원들만 볼 수 있도록 설정하는 것도 가능합니다.

게다가 미니홈피에서는 지역과 연계해 정보를 주고받을 수도 있습니다. 미니홈피 중에는 당신의 가게가 있는 지역과 관련된 커뮤니티가 반드시 존재합니다. 이 커뮤니티 내에 가게를 소개함으로써 근처에 살고 있는 사람들에게 가게를 알릴 수 있습니다. 일례로, 어느 지역 커뮤니티에서 그 동네에서 제법 알려진 다코야키 가게가 소개된 적이 있었는데 그것을 본 사람들로 성황을 이루더니 지금도 연일 대성황입니다. 당신의 가게도 물론 가능성이 있습니다. 한번 시도해 보기 바랍니다.

손님을 유혹하는 연간 이벤트 계획법

　이 장의 마지막에는, 단골을 만드는 네 번째 비결로서 연간 이벤트 계획에 대해 설명하겠습니다.
　앞에서 손님과의 다양한 커뮤니케이션 수단에 대해 설명했습니다만, 수단만으로는 의미가 없습니다. 수단을 통해 전할 내용이 중요합니다. 그 내용을 위해서라도 가게는 연중 다양한 이벤트를 기획해 손님에게 즐거움을 줄 수 있도록 노력해야 합니다.
　그런데 이처럼 중요한 이벤트 기획을, 그때그때 상황을 봐서 적당히 개최하는 가게들이 너무 많습니다. 연간 계획을 제대로 세워 실행함으로써 시간을 들여 미리 준비할 수 있고 이벤트를 알리는 데에도 여유를 가질 수 있습니다. 게다가 이벤트가 끝나게 되면 한동안은 느슨해질 수 있는데, 연간 이벤트 스케줄이 정해져 있다면 전단지 준비와 홍보 계획을 미리 세워서 대처할 수 있습니다.
　손님 입장에서도 가게의 이벤트 계획을 알면 미리 시간을 비워둘 수도 있을 것입니다. 연간 이벤트 계획은 손님의 기억에 정착될 가능성을 높이고 가게의 브랜드 구축에도 도움이 됩니다. 다시 한 번 강조하지만 사전에 미리 준비하는 게 중요합니다.

또한, 연간 이벤트는 계절에 맞추는 게 좋습니다. 계절감을 띠면서도 가게의 매출이 오르고 떨어지는 시기에 맞춰 이벤트를 계획하기 바랍니다.

고객 감사, 개업기념, 연말, 신년, 크리스마스, 여름방학 등 구실은 얼마든지 있으니 이벤트의 목적을 분명하게 갖고 기획하면 됩니다. 기획의 예와 연간계획 세우기에 대해서는 다음 페이지에 예를 실었으니 참고하기 바랍니다.

연간 이벤트 계획의 예(음식점의 경우)

월	이벤트	분류	이벤트 개요	고객층
3	신입사원 환영이벤트	신규고객 확보	• 상권 내에 새로 유입된 신입사원을 대상으로 가게 위치, 서비스 소개. 사은품 증정도 좋다. 업체 방문(총무과)이나 길거리 홍보	신입사원, 신입생, 주부
3	서비스 쿠폰을 통한 고정고객화 이벤트	고정고객화, 고객만족	• 이용빈도에 맞춰 혜택이 늘어나는 서비스 쿠폰을 사용 • 긴 안목을 갖고 고객을 유치하는 것이므로 사전홍보를 충분히 해서 가게 인지도를 높인다.	학생, 회사원, 주부
4				
5				
6	계절이벤트❶ 생맥주 이벤트	계절 캠페인 (신규고객 확보, 이용빈도 향상)	• 장마철부터 여름에 걸쳐 계절지수 향상을 목적으로 생맥주에 포인트를 두고 진행. 신규고객 확보를 위해 시제품을 선보인다.	회사원
7	계절이벤트❷ 생맥주 포인트카드	계절 캠페인 (고정고객화)	• 서비스 쿠폰과는 별도로 여름 이벤트의 일환으로서 포인트카드를 도입. 재방문을 유도해 '신규고객확보→고정고객화'를 노린다.	회사원

월	이벤트	분류	이벤트 개요	고객층
8				
9		손님이 줄어드는 이 시기는 신규고객을 위해 돈을 들여도, 극적인 효과를 기대하기 어렵다.		
10				
11	**계절이벤트 ❸** 안주 이벤트	계절 캠페인	• 가을부터 겨울에 걸쳐 회식자리에 안주 무료서비스를 포인트로 이벤트 실시. 신규고객 확보를 위해 시세품을 선보인다.	회사원, 주부
12	**송년회 이벤트** 생맥주 이벤트	신규고객 확보, 고정고객화	• 모임의 총무를 통해 신규고객 확보의 기회로 삼고 송년회 특수에 대비한다. • 총무에 대한 핀포인트 서비스 외에 송년회 참석 손님의 재방문을 유도할 시책을 행한다.	회사원, 주부

- 계절에 따르는 이벤트 기획을 하는 것은 중요하지만, 비용 대비 효과가 나쁜 시기는 오히려 이벤트를 하지 않는 편이 현명합니다.
- 이 연간 이벤트 계획을 기초로, 손님 모으기 시책(전단지, 커뮤니케이션 수단 등)의 일정을 정하기 바랍니다.

6장의 정리

손님 모으기의 바른 순서

① 재방문율 향상 ······▶ ② 신규고객 모으기

단골을 만드는 8가지 비결

① 고객 매뉴얼　　　　② 감동 앙케트

③ 5가지 커뮤니케이션 수단　④ 점내 이벤트

⑤ 홍보용 전단지 작성　⑥ 가게의 인지도 개선

⑦ 가게 밖 영업　　　　⑧ 1인당 구매액 향상

매뉴얼 작성의 포인트

손님의 행동을 단계별로 세분화해 각 단계에 맞게 행동과 대화법을 정한다. 손님은 신규고객, 단골고객, VIP, 오랜만에 오는 고객 등 4가지 타입으로 나누어 손님에 맞게 대처한다.

앙케트의 장점

① 손님의 솔직한 가게 평가를 알 수 있다.

② 고객 매뉴얼 개선에 앙케트 결과를 반영한다.

③ 손님을 가게의 팬으로 만들 수 있다.

감동 앙케트 항목

1. 감동했다(5점)

2. 오길 잘했다(4점)

3. 보통(3점)

4. 불만(2점)

5. 다시는 오고 싶지 않다(1점)

가게 명함의 작성 포인트

• 사이즈는 일반 명함 크기가 이상적이다.

• 한 사람에게 몇 장씩 나눠준다.

• 소개해 준 사람에게는 다음 날 문자 메시지로 감사의 뜻을 전한다.

고객 이벤트의 핵심

그때그때 상황에 맞춰 이벤트를 기획해서는 준비기간, 홍보기간이 줄어들 수밖에 없다. 연간 계획을 세워 지금 진행되고 있는 이벤트뿐 아니라 이후에 진행될 이벤트 또한 미리미리 준비하자.

가게에 손님이 줄을 서는 8가지 마법

신규고객 확보편

7

전단지 작성에 꼭 넣어야 될 3가지 포인트

이제 단골을 만드는 다섯 번째 비결, 전단지 작성입니다.

전단지와 관련해서는 책들이 많이 나와 있고 공부 모임이나 세미나도 개최되고 있습니다. 하지만 책에서 소개하는 방법을 흉내 낸다고 해서 성공한다는 보장은 없습니다. 가계의 업종업태나 지역의 성격에 따라 전단지 작성 요령은 전혀 다릅니다.

이 책에서는 손님을 모으는 전단지 작성의 기본을 3가지만 알려드리겠습니다. 이 3가지를 제대로 알면 나머지는 응용뿐이어서 가설과 검증을 반복하면 됩니다.

사실, 전단지를 돌리지 않고서도 잘되는 가게로 바꾼 예는 얼마든지 있습니다. 자금이 충분하지 않을 때에는 전단지를 돌리기보다는 기존고객을 잘 관리하는 쪽으로 생각하는 게 나을 수 있습니다. 기존고객 관리와 소개를 통한 손님 늘리기가 충분히 이루어진 상태에서 신규고객 확보용 전단지를 준비하시기 바랍니다. 그럼 한 가지씩 자세하게 설명하겠습니다.

전단지 작성법 ❶

예술과 디자인은 다르다

광고에이전시나 인쇄업자에게 디자인을 의뢰하면 멋지고 화려한 전단지를 만들 수 있습니다. 그렇기 때문에 오히려, 아무 생각 없이 '이건 되겠다' 하고 착각하기 쉽습니다. 경영자라면 이미지 광고와 소구訴求 광고의 차이를 분명하게 알아야 합니다.

아무리 전단지의 디자인이 좋아도, 손님이 전단지를 보고 방문하는 것은 전혀 별개의 문제입니다. 대개 예쁜 디자인은 대기업의 이미지 전략, 브랜드 구축에 이용되는 것입니다. 바꾸어 말해, 손님 모으기가 목적인 소규모 가게에서 예쁜 전단지를 작성하는 건 그야말로 자살행위입니다.

예쁜 전단지에 공을 들이기보다는 손님이 전단지를 보고 어떻게 행동할까를 손님의 입장에서 고민해야 합니다. 가게를 알리는 전단지는 예술이 아닙니다. 어디까지나 손님 모으기가 목적이라는 점을 염두에 두고 디자인해야 합니다.

전단지 작성법 ❷

전단지는 헤드카피가 생명

 전단지를 만들 때, 가장 먼저 생각해야 하고 또 가장 중요한 것은 바로 타이틀입니다. 타이틀이 독자의 흥미를 끌지 못한다면 이어지는 문구는 절대 읽지 않습니다. 사실 전단지의 가장 중요한 목적은 타이틀 아래에 있는 홍보 내용을 손님이 읽도록 하는 것인데도 말입니다.

 타이틀이 준비됐다면 아래의 5가지 기준에 맞는지를 다시 한 번 검토하기 바랍니다.

① 무엇을 전할 것인지가 명확한가?
② 누구에게 전할 것인지가 명확한가?
③ 대상 고객층이나 직원에게 보였을 때 반응은?
④ 제목을 소리 내어 읽었을 때 발음하기 쉬운가?
⑤ 제목에 의외성이 있는가?

 이 5가지 기준을 충족한다면 타이틀을 읽은 손님은 틀림없이 다음 문장에도 눈이 가게 됩니다. 전단지 타이틀에 대해서는 다음 페이지의 견본을 참고하시기 바랍니다.

저절로 시선이 가는 전단지 헤드카피

❶ 새로움에 호소하는 타이틀

- 신제품! ㅇㅇ할 수 있는 획기적 기술
- 신발매! 지금까지의 상식을 뒤엎는 ㅇㅇ
- ㅇㅇ, 이것은 혁명이다!
- 충격! 놀라지 마세요

❷ 무심결에 시선을 끄는 단어를 사용한 타이틀

- 체험! 100명 중 67명이 성공!
- 착한 가격! 옆집 사장님도 놀랄 가격에 드려요!

❸ '경고!'나 '주의!'를 사용한 타이틀

- 경고! ㅇㅇ는 아직 구매금지!
- 주의! ㅇㅇ한 상식에 숨겨진 3가지 거짓말
- 주의! 아무개 회사의 ㅇㅇ 제품을 사기 전에 꼭 연락주세요!

❹ 대상고객에게 직접 호소하는 타이틀

- 무사고, 무위반의 당신에게 희소식!
- 어깨가 말썽인 분에게 드리는 무료 선물
- 25세 이상인 분은 절대 보지 마세요.

❺ 대상고객에게 우월감을 느끼게 하는 타이틀

- ○○일보 구독자에게만 드리는 특별 선물!
- ○○구에 사시는 분에게만 드립니다!

❻ 조건을 달아 가게가 고객을 선별하는 타이틀

- 무사고, 무위반이라면 보험료를 ○○% 깎아드려요!
- 100만원 이상 구매고객에게 드리는 특전!

❼ 고객의 소박한 질문을 바탕으로 하는 타이틀

- 저 배우는 어떻게 살을 뺐을까?
- 박찬호는 영어공부를 어떻게 했을까?

❽ 구체적인 숫자를 명시한 타이틀

- 매출 기록 350일째 경신 중!
- 1주일만에 1345명 방문!
- 2주 동안 먼저 사용해 보세요.
- 3킬로그램 이상 빠지지 않으면 환불해 드립니다.

❾ 고객의 금전 의식에 호소하는 타이틀

- 24시간 사용해도 겨우 담배 한 갑 비용!
- 만원으로 뭘 할 수 있을까?

❿ 무료, 선물, 할인을 강조하는 타이틀

- 노후가 걱정되는 분에게 드리는 선물!

- 응모자 전원에게 선물!

- 주부님에게는 무료증정

⓫ 기간, 장소, 상품을 한정하는 타이틀

- 1월ㅇ일~ㅇ일까지 5% 할인!

- 전단지를 갖고 오시면 10% 할인

- 한국에서는 여기에서만 판매하고 있습니다!

⓬ 손님의 목소리를 살린 타이틀

- 효과가 이 정도일 줄이야! ㅇㅇ시 거주 ㅇㅇㅇ, 40세

- 피부가 몰라보게 좋아졌어요! ㅇㅇ시 거주 ㅇㅇㅇ, 26세

⓭ 유명 매체의 신뢰도를 이용한 타이틀

- ㅇㅇ신문(ㅇ년ㅇ월ㅇ일)에 화제의 가게로 보도!

- TV 프로그램 ㅇㅇㅇㅇ에서 취재!

⓮ 구체적인 노하우를 단적으로 전달하는 타이틀

- 아파트 선택, 실패하지 않는 5가지 포인트

- ㅇㅇ 선택, 모르면 손해 보는 5가지 비결

⓯ 결코 손해 보지 않는다는 타이틀

- 맛이 없으면 전액 환불해 드립니다.

- 다른 가게보다 10원이라도 비싸면 가격의 5%를 돌려드려요!

❻ **분명한 배경과 이유를 제시하는 타이틀**

- 헤어디자이너가 이 샴푸를 추천하는 3가지 이유

- 10년 전부터 쓰고 있습니다. 그 이유는…

전단지 작성법 ❸
작성한 전단지는 직원들이 함께 수정한다

대부분의 가게에서 전단지의 기획과 조율을 사장님 혼자서 결정합니다. 하지만 전단지 기획안은 직원들이 모두 모여서 의견을 내고, 여기에 효과가 높은 시안을 수정하는 게 좋습니다.

직원들이 모여 전단지를 수정할 때는 아래의 6가지 포인트에 주목하기 바랍니다.

① **전단지의 목적은 예비손님이 가게를 찾게 하는 데 있습니다.**
손님이 읽도록 하는 장치가 마련되어 있습니까?

② **손님의 입장에서 전단지를 생각해 보았습니까?**
걱정거리를 해결해 주는 내용입니까, 그렇지 않으면 고민이 쌓이 내용입니까?
바쁜 와중에도 요점만큼은 확실하게 전달되는 내용입니까, 그렇지 않으면 시간이 날 때 보게 만드는 내용입니까?

③ **앞의 ①과 ②에서 내용이 알기 쉽게 전달되고 있습니까?**

손님의 오감을 자극하는 방법도 시도해 볼 만합니다. 예를 들어, 하늘을 나는 이미지나 편안한 내음을 떠올리게 하는 꽃 이미지, '짜잔'과 같은 의성어 등을 사용는 것입니다.

가게 사진이나 직원들 사진과도 잘 어울릴 수 있습니다.

④ **가게를 방문할 때의 장점과 함께, 방문하지 않았을 때의 단점도 전달하고 있습니까?**

'지금 사지 않으면 정말 손해!', '아직도 모르고 계셨어요?' 등으로 전달 할 수 있습니다.

⑤ **누구라도 간단히 성과를 낼 수 있다는 점을 전달하고 있습니까?**

자신에게는 무리라고 생각하는 손님, 관계없다고 생각하는 손님이 의외로 많습니다. 머리가 나빠도, 부자가 아니더라도, 누구라도 이용가능하고 간단히 성과를 낼 수 있다는 점을 강조합니다. 믿음을 주기 위해 소비자의 추천 평을 싣는 것도 좋습니다.

⑥ **가게 방문 시에 지참하여 효과를 측정할 수 있는 내용입니까?**

선물 교환권 등 전단지의 효과를 가늠할 수 있는 내용을 추가하기 바랍니다.

앞의 3가지에 특히 주의하고 다소 실수가 있더라도 디자인업체에 통째로 맡겨 두는 일은 없도록 하기 바랍니다. 좋은 전단지를 만드는 감각은 다른 업체의 전단지가 힌트가 될 수도 있습니다. 대형 슈퍼마켓이나 마트에 가게 되면 유심히 살펴보기 바랍니다.

당신의 가게는 정말 '알려져' 있습니까?

 손님을 모으는 방법으로서 소개 손님을 늘리고 전단지를 만드는 외에 또 한 가지 중요한 방법이 있습니다. 무엇일까요?

 그렇습니다. 당신의 가게 앞을 지나는 사람입니다. 이 중요한 예비고객이 당신의 가게를 알아차리고, 흥미를 가지고 방문할 수 있도록 고민할 필요가 있습니다. 단골을 만드는 여섯 번째 비결은 바로 '가게의 인지도 향상'입니다.

 행여 가게 앞에 간판을 내거는 것만으로 충분하다고 생각하고 있지는 않습니까? 간판을 내거는 것만으로는 가게 앞을 지나치는 손님을 끌어들일 수 없습니다. 광고업계의 오래된 이론 중에 'AIDMA(아이드마)'라는 게 있습니다. 판매 행위에 대한 고객의 심리를 나타내는 용어인데, 가게의 인지도를 향상하는 데 효과적입니다. AIDMA는 Attention(인지), Interest(관심), Desire(욕구), Memory(기억), Action(행동)의 머리글자를 딴 것입니다. 어렵게 생각할 필요는 없습니다. 쉽게 말하면 이런 것입니다.

- **Attention**(인지) – 아, 저기에 이런 가게가 있었구나.
- **Interest**(관심) – 어, 이런 서비스도 있네!
- **Desire**(욕구) – 어디 한번 먹어볼까?
- **Memory**(기억) – 다음에 꼭 와봐야지.
- **Action**(행동) – 실제로 방문한다.

정리하자면, 멀리서 다가오는 손님에게 위의 순서대로 가게의 내용을 알려야 합니다. 먼저 내 가게의 경우를 파악하기 위해 가게의 좌우방향에서 사진을 2장 찍고, 정면에서도 한 장 찍습니다. 가게가 대로변에 있다면 100미터 정도 떨어진 거리에서 사진을 찍습니다. 이제, 사진 속의 가게를 유심히 살펴보기 바랍니다.

인지의 단계에서, 간판이 제대로 보이지 않는 가게가 대부분입니다. 간판 크기가 너무 작다거나 간판이 가게의 정면을 바라보고 있는 것입니다. 이래서는 가게와 평행하게 걷는 손님 눈에 들어올 리가 없습니다. 당신의 경우를 생각해 보세요. 길을 걸으면서 갑자기 간판이 눈에 들어온다고 해서 멈춰 서서 간판을 읽지는 않습니다. 따라서 무엇보다 먼저 간판을 인지시킨 다음에, 관심을 갖도록 유도해 간판의 내용을 읽게끔 하는 수순이 필요합니다. 이 과정에서 가장 중요한 것은 역시 최초의 인지를 얼마나 빠르게 하느냐에 달렸습니다.

이런 간판은 무용지물!

간판 크기가 너무 작다.　　　　간판이 가게의 정면을 바라보고 있다.

······▶ 인지의 단계에서 도움이 되지 않는 간판은 쓸모가 없다.

손님의 관심을 끄는 4가지 단계

간판과 가게 앞에 내거는 포스터는 아래의 4가지 단계에 주의하기 바랍니다.

● **1단계 – 인지**

어떤 업종의 가게인가, 멀리서도 일목요연하게 드러나야 합니다. 멀리서 봤을 때 무슨 가게인지 모르는 간판은 손님의 주의를 끌 수가 없습니다. 무엇보다, 인지가 중요하다는 점을 기억해야 합니다.

● **2단계 – 관심**

업종이 분명하게 드러난다면, 다른 가게의 간판과 비교해 내 가게의 간판은 어디가 다른가를 살핍니다. 주력상품의 이미지 또는 아주 간결한 카피 하나를 간판이나 포스터에 넣기 바랍니다.

● **3단계 – 욕구**

손님에게 호기심을 불러일으키고 현실적으로 방문할 욕구가 생기도록 하기 위해서는 반드시 가게 안이나 분위기를 알 수 있는 이미지 사진이 필요합니다. 가게가 1층에 있어서 밖에서 보인다면 괜찮지만 그렇지 않은 경우에는 가게의 활기가 느껴지는 사진을 한 장 부착하는 게 좋습니다. 직원들의 사진을 붙여도 관심을 끌기 쉽습니다. 가게 안이 어떤 분위기인지 쉽게 가늠되지 않는 곳에는 손님들이 좀처럼 들어가려고 하지 않습니다.

● **4단계 – 기억**

메뉴나 캠페인, 이벤트 정보 등 손님이 궁금해할 내용을 가게 입구에 부착합니다. 간판 옆에 공간이 있다면 여기에 부착해도 좋습니다. 꼭 방문으로 이어지지는 않더라도 손님의 기억 속에 남길 수만 있다면 일단은 성공입니다.

이상의 단계를 거쳐 비로소 손님은 가게 안에 발을 들여놓게 됩니다.

이 과정을 염두에 두고 간판과 포스터를 제작하기 바랍니다.

가게 입구에서 가장 중요한 것은 바로 활기입니다. **손님들 대부분은 가게 입구를 보는 것만으로 그 가게가 성황을 이루는지 아닌지를 판단해 버립니다.** 다른 가게를 판단할 때 당신도 예외일 수 없습니다. 손님의 눈을 꼭 의식하면서 가게 입구를 꾸미기 바랍니다.

이렇게 한 다음 처음에 찍은 가게 사진과 수정 후의 가게 사진을 비교해 보십시오. 내 가게의 활기가 느껴지는지, 직원들과 함께 의견을 모으기 바랍니다.

손님에게 가게를 인지시키는 4단계의 예 – 술집의 경우

① 인지 : 술집의 존재를 나타내는 무언가가 있었다.

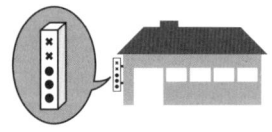

가게가 멀리에서도 보이도록 큰 간판을 높은 곳에 설치해 술집의 존재를 인지시키고 있다.

② 관심 : 재료가 특징이 있다는 사실이 적혀 있다.

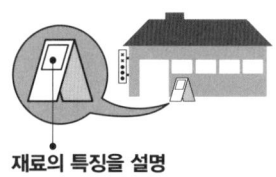

다가가보니 홋카이도 요리 이벤트 고지가 있었고, 이 가게는 산지 직송 재료가 특징이라는 사실을 알 수 있었다.

③ 욕구 : 가게 내의 분위기를 알 수 있는 입지 또는 실내사진.

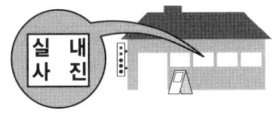

가게 안이 보이는 인테리어. 만약 그러한 입지가 아닐 경우에는 가게 안 분위기를 보여주는 사진이 있다.

---

④ 기억 : 가격 구성이나 이벤트 등 '다시 와야지' 하는 생각을 들게 하는 게 있었다.

가격표가 실려 있는 리플릿이나 이벤트 티켓이 가게의 인상을 남긴다.

누구라도 할 수 있는 길거리 홍보

단골을 만드는 일곱 번째 비결은 가게 밖에서의 영업입니다.

자신의 필드인 가게 안에서는 훌륭한 고객서비스와 영업이 가능한 사람도 가게 밖으로 한 걸음만 나가면 주눅이 들어버리는 경우가 적지 않습니다. 그런데 돈을 들이지 않고 잘되는 가게로 바꾸기 위해서는 밖에서 하는 영업도 꼭 필요합니다. 특히 이것은 직원들보다는 사장이 앞장

서서 해야 할 일이기도 합니다.

전단지를 나눠주는 따위의 길거리 영업을 직원들에게 강요하는 가게는 제대로 성과를 낼 수가 없습니다. 경영자가 스스로 모범을 보여야만 비로소 직원들도 노력할 마음이 생기는 법입니다.

가게 밖 영업은 크게 2가지로 나누어 생각할 수 있습니다.

① 상권 내 다른 업종의 가게 영업
② 상권 내 법인 영업

먼저 ①의 경우는, 상권 내에 경쟁 관계는 아니지만 대상고객층이 동일한 가게가 있을 것입니다. 가급적 손님들 사이에서 잘 알려진 가게가 좋습니다. 만약에 내 가게가 여성을 타겟으로 하는 미용실이라면 근처의 세탁소나 여성정장 매장 등은 고객층은 같아도 경쟁 관계는 아닐 것입니다.

이 같은 가게에 내 가게의 홍보 전단지나 가게 명함을 비치해 두는 것입니다. 물론 사전 교섭이 있어야겠지요. 마찬가지로 그 가게의 판촉물을 내 가게에 비치해 두는 조건이라면 서로에게 도움이 되므로 솔깃한 제안이 될 것입니다. 손님에게 소개했을 때 도움이 되고 기뻐할 가게를 고르는 것에만 주의하면 됩니다.

그렇게 해서 서로 홍보 제휴를 하게 되면, 카운터 옆의 눈에 잘 띄는 곳에 전단지를 놓는 등 적극적으로 상대의 이해를 구하기 바랍니다. 이때 소극적으로 나가서는 모처럼의 영업도 의미를 잃어버리게 됩니다.

다음으로는, 가게 근처의 법인 영업입니다. 무작정 들어가고 보는 영업이라면 누구라도 꺼릴 것입니다. 거절당하는 것이 창피하고 두려운 생각이 마음속에 있기 때문입니다. 그런데 여러분은 '영업은 설득하는 것'이라고 생각하고 있지는 않습니까? **영업은, 손님을 설득하는 일이 아닙니다. 손님에게 가게나 상품의 정보를 주는 것, 이것이 바로 영업입니다.** 아무리 설득해도 가게에 오지 않을 손님도 있을 것이고 설득하지 않고 알려만 줬는데도 가게를 찾는 손님 또한 분명히 있습니다.

비유하자면, 스님들의 탁발과도 같습니다. 억지로 설득하지 않아도 가게에 찾아올 손님을 찾는 것입니다. 한두 번 문전박대를 당했다고 해서 일일이 낙담해서는 결코 공양을 얻지 못할 것입니다.

영업의 본질은 찾아다니는 횟수에 있습니다. 교묘한 말로 설득하는 기술을 갖출 필요도 없습니다. 틀림없이 누군가는 호의를 갖고 공양할 것이니까요.

법인 영업의 기본은 설득하지 않는 데에 있다

법인 영업을 하기 전에 사장님이 먼저 상권 내의 회사를 둘러보기 바랍니다. 안내데스크가 있든 없든, 가게의 전단지나 명함을 가져가서 어떻게 말하면 전단지나 명함을 회사 내에 둘 수 있는지 혹은 소개받을 수 있는지를 가늠하는 것입니다.

영업의 요령은 강요하지 않고 설득하지 않는 데에 있습니다. 사람은 심리는, 강요를 받게 되면 반드시 거부반응을 보이게 됩니다. 살짝 분위기만 띄운다는 느낌으로 가게 소개는 아주 담백하게 하는 게 좋습니다.

법인 영업의 목적은 설득해서 방문을 유도하려는 게 아니라, 가게의 존재를 회사 직원들에게 알리려는 데 있습니다. 다만, 표정과 목소리는 항상 밝게 하고 가게에 대해 자신감을 가져야 합니다. 나머지는 활기 있게 전단지나 명함을 몇 장 두고 나오는 것으로 충분합니다.

"송년회 총무 맡고 계시는 분에게 좋은 소식 하나 알려주려고요."
"15분 만에 머리손질할 수 있는 미용실입니다. 직원들이 많이 바쁘실 테니 참고하시라고요."

이처럼 가게의 특징과 상대의 필요성을 감안해 대화의 물꼬를 튼 다음에는 "여길 보세요. 필요하면 몇 장 두고 갈게요. 그럼 잘 부탁합니다."라고 매듭지으면 됩니다.

작은 가게의 법인 영업은 이 정도면 충분합니다. 무엇보다, 질보다는 횟수라는 사실을 염두에 두세요.

이렇게 어느 정도 시행착오를 거쳐 영업의 흐름을 파악했다면 직원들에게도 요령을 알려주고 본격적인 법인 영업을 시작합니다. 그런데 직원들을 내보내기 전에 반드시 사전연습이 필요합니다. 연습 없이 그냥 내보냈다가는 어찌할 바를 몰라 시간만 때울지도 모릅니다. '나도 할 수 있다'라는 믿음을 주는 게 연습의 최대 목적입니다.

법인 영업을 할 때는 2개조로 나눠서 어느 쪽이 먼저 끝내는가, 게임 감각으로 하는 것도 하나의 방법입니다. 그리고 무작정 방문해야 하는 영업에는 가급적 베테랑과 신참을 한 조로 편성하십시오. 신입직원 교육에도 도움이 될 것이고, 무엇보다 혼자서 하면 어색해도 둘이 함께라면 용감해지니까요.

 영업에서 또 하나 꼭 염두에 두어야 할 것은 '영업은 즐겁다'라는 의식입니다. 실제로, 영업을 한 회사의 직원들이 찾아왔을 때의 기쁨이란 각별합니다. 탁발 게임을 직원들 모두가 함께 즐기기 바랍니다.

하루 만에 매출을 1.5배 올리는 비결

 단골을 만드는 마지막 비결은 1인당 구매액 향상과 관련이 있습니다. 1인당 구매액을 올리는 데에는 재무의 장에서 설명한 '제공가격 변경 요령'도 하나의 방법인데, 이것 말고도 또 한 가지 방법이 있습니다. 그것은 상품 가격을 올리는 게 아니라, 손님이 한 번의 방문에서 구매하는 상품의 가짓수를 늘리는 것입니다.

 그런데 어떻게 하면 손님이 구매하는 상품을 늘릴 수 있을까요? 여러 방법이 있겠지만, **1인당 구매액을 올리는 기본 중의 기본은 메뉴표와 가게 내 POP를 늘려서 가능한 한 많이 손님의 눈에 띄게 하는 것입니다.** 몇 번이고 반복해서 보도록 해 상품과 서비스의 인지도를 높이는 방법입니다.

 음식점 등에서는 더욱 간단하게 1인당 구매액을 올릴 수 있는 방법이 있습니다. 대개 음식 메뉴는 테이블마다 많아야 1~2개 정도인 가게가 대부분입니다. 방문하는 손님 그룹별로 1개 또는 2개 정도 메뉴를 건네고 있을 것입니다. 1인당 구매액을 올리고자 하는 관점에서 보면, 이것은 매우 비합리적입니다. 만약에 오는 손님에게 각자 개인별로 메뉴를 준다면 어떻게 될까요? 서로 상의하는 일 없이 각자가 자신이 먹고 싶은 음식을 주문할 가능성이 높아집니다.

실제로, **손으로 직접 써서 만든 메뉴를 좌석수만큼 준비해 손님에게 건넨 이자카야는, 바로 그 다음날부터 매출이 1.5배가 되었습니다.** 그 정도로 상품과 서비스 노출의 횟수를 늘려 인지도를 높이는 게 중요합니다.

가게 안에 POP(point of purchase, 소비자에 의하여 최종적으로 구매가 일어나는 소매가게 등에서의 광고를 일컫는다.)를 두는 것도 1인당 구매액을 올리는 데 효과적입니다. 손으로 컬러풀하게 쓴 것도 물론이지만, 상품의 사용후기나 감상을 적어도 손님의 공감을 얻을 수 있습니다. 최근에는 서점에서도 직원이 책의 감상을 적은 POP를 자주 볼 수 있는데, 매우 효과적인 방법입니다.

소매점에서는 특히 상품의 바로 옆에만 POP를 둘 게 아니라, 가게 입구를 활용하는 경우와 마찬가지로 가게 안 이곳저곳에 POP를 설치하는 게 좋습니다. 그전에 먼저, 가게 문을 들어선 손님이 어떻게 움직이는지, 가게 안에서 손님의 동선은 어떻게 되는지를 유심히 살펴보기 바랍니다. 손님의 시점이 바뀌는 곳 앞에 팔고 싶은 상품이나 서비스의 특징을 적은 POP를 두는 것입니다. 이렇게 함으로써 상품은 몇 번이고 손님의 눈에 띄게 되고, 자연스럽게 기억에도 정착합니다.

서점의 책 진열대 사이사이에 놓인 POP 광고

강요하는 내용이 아니라, 감상이야말로 손님의 공감을 얻을 수 있는 비결

만약 미용실이라면 거울 옆에는 반드시 POP를 두기 바랍니다. POP의 내용은, 손님이 이것을 읽고 상품이나 서비스에 대해 헤어디자이너에게 가볍게 물어볼 수 있는 게 좋습니다. 손님이 궁금해할 적당한 캐치프레이즈를 떠올려보기 바랍니다. 또한 헤어디자이너는 거의 손님 곁에 있으니 POP뿐 아니라 대화중에도 상품이나 서비스의 정보를 제공할 수 있습니다. POP가 바로 앞에 있으니, 이것을 이용해 자연스럽게 화제로 삼을 수 있습니다.

여하튼 1인당 구매액을 올리기 위해서는, 가게의 상품이나 서비스를 몇 번이고 손님 눈에 띄게 만드는 게 중요합니다. 비록 손님이 의식하지 못하더라도 구매충동이 생길 수밖에 없습니다. 직접 만들 수 있어서 비용도 들지 않으니, 마지막 수단으로 꼭 활용해 보기 바랍니다.

7장의 정리

전단지를 만들 때 명심해야 할 것

① 예술과 디자인은 다르다.

② 전단지는 타이틀이 생명!

③ 작성한 전단지는 직원들이 함께 수정한다

전단지를 수정할 때의 6가지 질문

① 손님이 읽도록 하는 장치가 마련되어 있습니까?

② 손님의 입장에서 전단지를 생각해 보았습니까?

③ 앞의 ①과 ②에서 내용이 알기 쉽게 전달되고 있습니까?

④ 가게를 방문할 때의 장점과 함께, 방문하지 않았을 때의 단점도 전달하고 있습니까?

⑤ 누구라도 간단히 성과를 낼 수 있다는 점을 전달하고 있습니까?

⑥ 가게 방문 시에 지참하여 효과를 측정할 수 있는 내용입니까?

AIDMA(아이드마) 법칙

- Attention(인지) – 아, 저기에 이런 가게가 있었구나.
- Interest(관심) – 어, 이런 서비스도 있네!
- Desire(욕구) – 어디 한번 먹어볼까?
- Memory(기억) – 다음에 꼭 와봐야지.
- Action(행동) – 실제로 방문한다.

길거리 홍보의 2가지 종류

① 상권 내 다른 업종의 가게 영업

② 상권 내 법인 영업

법인 영업에서 가장 중요한 마인드

절대로 강매하거나 설득하지 않는다.

메뉴판만으로 매출을 당장에 1.5배 올리는 방법

메뉴를 가게의 좌석수만큼 준비해서 건넨다.(음식점의 경우)

맺음말

독자 여러분, 이 책을 끝까지 읽어주셔서 정말 고맙습니다.

지난날을 돌이켜보면 이 책은 제게 아주 특별한 의미가 있습니다.

오래전에 저희 집은 운송업을 했었습니다만, 제가 스물네 살 되던 해에 제 손으로 33년째 이어져오던 가업을 접고야 말았습니다. 창업자인 저희 할아버지가 돌아가시고 반 년 후의 일입니다.

제가 가업을 물려받았을 때에는 정말이지 동전 한 푼 없이 재기해야 하는 상황이었습니다. 하지만 하청의 하청으로 내려오면서 일의 단가는 점점 떨어지고 오랜 거래처들도 하나둘 무너졌습니다. 사면초가와도 같았기 때문에 여기에 맞설 용기와 지혜가 필요했습니다.

하지만 그때 할아버지의 피와 땀이 어려 있는 회사를 맡게 된 사람은 사회에 발을 들인 지 얼마 되지도 않는 아무런 경험도 지혜도 없는, 바로 저였습니다.

저는 너무 분했습니다. 살아가며 두 번 다시는 그 같은 경험을 하고 싶지 않았습니다. 그리고 저와 같은 경험을 다른 사람들이 하는 것 또한 막을 수 있다면 하는 생각도 들었습니다. 그래서 저는 경영 컨설턴트의 길을 선택했습니다. 오직 하나의 일념으로 오늘에 이르렀던 것입니다.

궁지에 몰린 사장님들의 뼈저린 마음을 저는 알고 있습니다. 모든 것을 다 포기하고 도망이라도 가고 싶은, 이 괴로움에서 벗어나고 싶은 마음을 말입니다. 이해하지 못하는 것은 아닙니다만, 저는 그래도 '포기하지 마십시오'라는 말을 전하고 싶습니다. 이 책을 쓴 이유는 바로 그 때문입니다.

당신이 여기서 포기해 버리면 훗날 얼마나 후회할 것인지를 저는 잘 알고 있습니다. '위기는 곧 기회다'라고 말할 수 있는 상황도 많이 봐왔습니다. 당신의 가게가 거듭날 기회는, 지금 바로 이 순간에 있습니다. 이렇게 말하는 저 자신도 실수를 연발합니다. 또 사람에게는 누구나 말 못할 어려움이 있기 마련입니다. 그리고 이 책을 쓰는 와중에도 제 자신, 경영자로서 노력이 부족함을 느끼고 있습니다.

하지만 저는 어떤 경우에든 포기하지 않습니다. 바로 지금부터입니다!

이 책을 읽은 당신과 함께 앞으로도, 지난날의 분했던 마음과 기사회생 끝에 볼 수 있었던 사장님들의 웃는 얼굴을 떠올리며 성장해 나갈 것입니다.

이 책을 펼쳐든 당신에게, 이 책이 모든 어려움을 떨치고 이겨낼 희망과 용기가 되기를 바랍니다.

감수자의 글

가게란 무엇인가. 거짓 가假자와 집 가家자가 합쳐진 '가가假家'가 본디 말이다. 풀이하자면 '살림을 하지 않는 집'이란 뜻이다. 요컨대 한자漢字는 양반이 즐겨 쓰던 글이다. 배고픈 민중(상놈)에겐 어려운 글자이기에 조선 제4대 왕인 세종대왕(재위 1418~1450)은 한글을 창제하셨던 것이다.

양반의 시선에서 보자면 살림을 하는 집이 아니므로 '가가'라고 말하는 것은 당연하다. 추측건대 억척(한자말 '악착齷齪'이 변한 말이다)이나 엄두(마찬가지로 염두念頭가 변한 말이다)와 같이 권력자의 말을 비틀어 발음을 아주 쉽게 사용하고자 해서 변한 말로 나는 '가게'라는 말을 사랑하고 이해한다. 그리고 '아픔'까지도 느낀다.

발음하기 힘든 간난艱難이 변해서 '가난'으로, 고초苦椒가 변해서 '고추'라는 말이 되었듯이 또 특유한 향기와 매운맛을 지닌 향신료 개자芥子가 변해서 '겨자'라는 말로 오늘날 우리가 즐겨 쓰듯 이처럼 '한자어를 어원으로 하는 순우리말'은 무려 103가지가 된다고 그런다.

따라서 '가가假家'가 변해서 '가게'라고 말하는 터. 그렇기에 가게는 살림을 사는 가정집이 그 목적이 아니다.

집은 집이되, '사농공상士農工商'에서 배부른 절대 권력자 사士만 빼놓고 농공상農工商이 모두 밖(시장)으로 뛰쳐나와 임시나마 '목구멍에 풀칠하고자 불법으로 길목에서 물건이나 음식을 판매하는 집'이다. 그리하여 '가게'라는 말은 먼저 그 아픈 배경이 이해되어야만 한다.

18세기 조선이 그랬던 것처럼……. 21세기 한국은 중산층이 바람과 함께 사라지고 자고로 '부익부 빈익빈' 현상이 심화되는 시대를 무릇 맞이하고 있다. 장사는 창업을 권하는 사회가 아니라 취업을 권하는 사회가 될 적에 뿌리가 있는 나무가 되고, 줄이 끊어지지 않는 튼실한 연鳶이 자연 되는 것이다.

창업은 자금 · 입지 · 아이템이 그 삼박자다. 뿌리가 뽑힌 나무는 하늘에서 비가 내려도 결국엔 말라 죽는다. 또 줄 끊어진 연은 바람이 불어도 추락하기 마련이다. 정부가 창업자금을 쏟아 붓는다고 해서 죽은 나무가 살아날 수는 없고 좋은 입지, 좋은 아이템이 설사 있다고 하더라도 소자본 창업자에겐 줄 끊어진 연이나 그 신세는 마찬가지다.

해법은 단 하나이다. 뿌리가 뽑히지 않으면 문제는 해결된다. 또한 줄이 끊어지지 않았다면 희망을 띄울 수 있다. 창업에 있어서 뿌리와 줄은 창업자에 비유된다. 가게의 성공은 가게를 경영하는 책임을 가진 사장인 당신이 문제이지 결코 자금 · 입지 · 아이템 · 종업원 · 인테리어 등에 있지 않다.

잘 되는 가게로 바꾸기 위해 돈보다도 중요한 것은 '창업자의 마인드와 능력' 외에는 다른 해법이 없다. 컨설턴트는 그저 옳은 방향만 조언할 수 있는 처지이지 성공을 보증하는 수표 역할을 하는 게 절대 아니다.

실로 부끄럽다. 이 책을 지은 '도미타 히데히로'가 누구던가. 그는 일본 창업 현장에서 가게를 상대로 컨설팅을 전문으로 하는 (주)어치브먼트 스트레티지의 대표이다. 부끄러운 이유는 그가 나보다 훨씬 고수高手인 것을 책을 통해서 알았기 때문이다. 하나하나 읽으며 이곳저곳을 뒤적여도 어디 한군데 버릴 내용이 없는 완벽한 '소자본 창업 지침서'로 느껴진다. 확실히 그렇게 보인다. 이 땅의 수많은 소자본 창업자에게 이 책은 희망의 거울이 될 것이다. 다 읽으면 어떤 시련과 어려움 앞에서도 좌절하지 않고 당당하게 "끝내 이기리라"는 대단한 각오가 창업자의 내공으로 생겨날 것이라는 것을 믿어도 좋다. 이제까지 당신의 가게 경영이 적자를 냈다면 더 이상 걱정하지 마시라. 대신 이 책을 처음부터 끝까지 꼼꼼하게 밑줄 긋고 하나부터 열까지 모두 완벽하게 읽는 것을 스스로 해내야 한다.

내가 대한민국, 창업 컨설팅 현장에서 10년 동안 성공한 창업자를 살핀 것보다도 훨씬 더 실질적이고 옹골찬 내용이 가득해서 부끄럽지만 질투도 난다. 솔직한 내 심정이 그렇다. 무엇보다 놀라운 것은 이 책을 통해서 뿌리가 다시 생겨나고 끊어질 것 같은 줄이 튼튼하게 변하게 될 거라는 것을 차마 말하지 않을 수 없다. 이제까지의 상식은 휴지 조각이 될 것이고 책이 제시하는 내용을 간추리고 잘만 활용한다면 적자만 보던 가게를 흑자로 돌릴 수 있다. 믿어도 좋다! 왜? 효과는 정말 확실하니까.

이 책의 가장 큰 장점은 양반들의 한자처럼 어렵지 않다. 한글처럼 입에 착착 붙고 이해하기 쉽다는 것이 쓸모와 매력을 더한다.

작은가게연구소 소장

심상훈